코드 없는

알고리즘과
데이터 구조

기술 면접과 코딩 테스트 직전 살펴봐야 할 필수 개념 90가지

코드 없는 **알고리즘과 데이터 구조**

초판 1쇄 | 2021년 2월 10일
초판 2쇄 | 2023년 8월 20일

지은이 | 암스트롱 수베로
옮긴이 | 류태호
발행인 | 김태웅
책임편집 | 이미순
편집진행 | 김희성
디자인 | studio.fractal.kr@gmail.com
마케팅 총괄 | 나재승
마케팅 | 서재욱, 오승수
온라인 마케팅 | 김철영, 하유진
인터넷 관리 | 김상규
제 작 | 현대순
총 무 | 윤선미, 안서현, 지이슬
관 리 | 김훈희, 이국희, 김승훈, 최국호

발행처 | (주)동양북스
등 록 | 제 2014-000055호
주 소 | 서울시 마포구 동교로22길 14 (04030)
구입 문의 | 전화 (02)337-1737 팩스 (02)334-6624
내용 문의 | 전화 (02)337-1762 dybooks2@gmail.com

ISBN 979-11-5768-690-2 93000

Practical IT Series

코드 없는
알고리즘과 데이터 구조

암스트롱 수베로 지음

류태호 옮김

기술 면접과 코딩 테스트
직전 살펴봐야 할 필수 개념
90가지

동양북스

세상을 유지하려 애쓰는

모든 사람에게

이 책을 바친다.

지은이·옮긴이 소개

지은이　암스트롱 수베로(Armstrong Subero)

8살 때부터 전자 공학을 학습했고, 프로그래밍과 임베디드 시스템 개발에 흥미를 느끼기 시작했다. 프로그래밍 분야 중 알고리즘과 데이터 구조에 특별한 관심을 갖고 있으며 이를 다양한 프로세서 아키텍처, 특히 자원이 제한된 시스템상에 여러 가지 프로그래밍 언어로 구현하는 것을 즐긴다. 현재 트리니다드 토바고의 국가 안보부에서 근무 중이며, 토머스 에디슨 주립대학에서 컴퓨터 과학 및 인문 예술 과학 학위를 취득했다. 『Programming PIC Microcontrollers with XC8』(Apress, 2018)의 저자다.

옮긴이　류태호

한국항공대학교에서 컴퓨터정보공학을 공부하고 기업에서 물류 데이터 분석 업무를 했다. 궁금하고 재미있는 일을 찾아 프리랜서로 전향 후 다년간 교육 컨설턴트로 활동했고 번역가로 영역을 넓혔다. 현재는 포항공과대학교에서 연구원으로 근무 중이다. 옮긴 책으로는 「Accelerated C++」(한빛미디어, 2018)가 있다.

지은이의 말

먼저 가족에게 감사를 드린다.

그리고 내게 가르침을 주거나 긍정적인 생각을 심어준 모두에게 감사를 드린다.

끝으로 이 모든 것을 가능하게 한 신께 감사를 드린다.

옮긴이의 말

데이터 구조와 알고리즘을 확실히 이해하는 것은 소프트웨어를 설계하고 개발하는 모든 사람에게 필수입니다. 하지만 데이터 구조와 알고리즘을 학습하는 과정은 이론적인 지식과 내용을 살펴보는 데 많은 시간이 걸려 재미가 덜하고 지루한 편입니다.

그런데 전공자와 비전공자의 경계 없이 프로그래밍 언어를 비롯한 IT 기술을 학습하는 것이 너무 흔한 일이 되어버렸습니다. 즉, 전통적이고 공식적인 학위 과정에 의존하지 않는 사람들도 데이터 구조와 알고리즘 개념에 접근할 기회가 늘고 있습니다. 이제는 독자들이 주력으로 다루는 프로그래밍 언어에 상관없이, 심지어 프로그래밍 언어를 학습한 배경이 없더라도 데이터 구조와 알고리즘을 학습하기에 좋은 환경이 갖춰진 셈입니다.

이 책은 새롭고 신선한 방식으로 데이터 구조와 알고리즘을 다룹니다. 단 한 줄의 코드도 사용하지 않고 오직 그림과 간결한 문장을 통해 복잡한 개념들을 쉽고 지루하지 않게 전달합니다. 이미 관련 내용을 접한 적이 있다면 빠르면 하루 만에도 읽을 수 있고, 비전공자라도 일주일이면 충분히 읽을 수 있을 만큼 핵심만 담았습니다.

프로그래밍을 독학하는 분들과 데이터 구조와 알고리즘에 대한 기본적인 이해가 필요한 신입 프로그래머, 코딩 테스트나 면접을 준비하는 경력자 등의 책장에서 이 책이 살아 숨쉬길 기대합니다. 또한 이 책의 저자가 의도한 간결한 접근 방식이 부족해 더 깊이 있는 설명에 갈증을 느낀다면 이 책 다음에 반드시 더 자세하게 설명하는 데이터 구조나 알고리즘 책을 찾아 학습을 이어가길 추천합니다.

끝으로 이 책을 소개해주시고 도움 주시느라 고생한 동양북스 이중민 님께 깊은 감사를 전합니다.

서문

입문자뿐 아니라 자기주도학습에 능숙한 개발자에게서 "데이터 구조와 알고리즘은 어떻게 공부하는 것이 좋을까요?"라는 질문을 항상 듣는다. 똑같은 질문에 자주 대답하다 보니 이 주제에 관심 있는 모든 사람이 내가 조언한 과정을 따르고 이해하도록 책을 써야겠다는 생각이 들었다.

데이터 구조와 알고리즘의 기초는 누구나 어렵지 않게 공부할 수 있다. 이 주제에 대해 조언할 때 가장 힘든 부분은 프로그래밍 언어의 춘추전국시대에 주력으로 사용하는 프로그래밍 언어가 저마다 다르다는 것이다. 하지만 본질적으로 프로그래밍 언어의 종류에 상관없이 기본 수준의 데이터 구조와 알고리즘을 이해할 수 있어야 한다. 그래서 코드를 언급하지 않는 책을 쓰기로 했다. 이 책에서는 프로그래밍 언어로 작성된 코드 한 줄 없이 데이터 구조와 알고리즘을 다룬다.

정기적으로 서로 다른 프로그래밍 언어를 사용하는 사람에게 이 책을 권하고 싶다. 코드를 배제한 채 알고리즘의 개념을 이해하고 나면 사용하는 프로그래밍 언어가 무엇이든 적용할 수 있다.

간혹 자신이 선택한 프로그래밍 언어로 설명되지 않은 자료에 상당히 '배타적인' 부류가 있다. 저자는 이 책으로 누군가의 '신념'을 침해하고 싶지는 않다. 이들에게는 자신이 사용하는 프로그래밍 언어로 데이터 구조와 알고리즘을 자세히 설명한 수천 페이지 분량의 책이 필요할 수도 있기 때문이다. 그러나 이 책으로는 '큰 그림'을 그린 후 자신이 사용하는 프로그래밍 언어로 설명된 책을 접하기를 권한다. 이 책으로 개념을 공부하고 다른 책으로 세부적인 프로그래밍을 공부하는 방식이다.

이 책은 데이터 구조와 알고리즘의 개념을 짧고 굵게 다룬다. 아마도 지루하지 않게 많은 것을 공부할 수 있을 것이다.

· 누구를 위한 책인가?

이 책은 데이터 구조와 알고리즘을 이해하고 싶지만 프로그래밍 언어의 상세한 특징까지는 알 필요가 없으며 두꺼운 책을 볼 시간이 없는 사람, 데이터 구조와 알고리즘의 개념을 문장으로 이해하고 싶은 사람을 위한 것이다. C를 포함하여 C에서 파생된 C++, Java, C#, 파이썬 중 적어도 하나의 프로그래밍 언어를 경험한 상태라면 책에서 사용하는 자료형과 용어가 낯설지 않을 것이다.

이 책을 읽는 사람이라면 추상적 사고에 능숙하고, 적어도 프로그래밍 언어에 대한 기본 지식과 컴퓨터 과학의 기초(예를 들어, 비트와 바이트가 무엇인지)를 알고 있길 바란다. 수학 개념이 많이 나오는 책은 아니지만 기본적인 대수학을 알고 있다면 더욱 좋다. 수학 개념은 필요한 곳에서만 등장하며 명쾌한 설명을 동반한다.

· 무엇이 필요한가?

책에 제시된 개념을 읽고 이해하려는 열린 마음과 시간이면 충분하다. 저자는 누군가와 커피를 마시며 머릿속에 떠오르는 대로 데이터 구조와 알고리즘의 개념을 설명하듯 이 책을 썼다. 따라서 컴파일러나 코드 에디터 없이 책을 읽기만 하면 된다.

· **무엇을 배우게 되나?**

짧은 시간 동안 데이터 구조와 알고리즘에 대해 많은 개념을 배울 것이다. 이 책에서는 데이터 구조, 알고리즘과 가장 관련성이 큰 개념 위주로 짧고 굵게 설명한다. 이 책을 읽고 나면 각각의 데이터 구조와 알고리즘이 어떤 문제를 해결할 수 있는지 이해하게 되고, 데이터 구조와 알고리즘을 토론하는 과정에 자신감을 갖고 참여할 수 있게 될 것이다.

Part 1 - 데이터 구조

1장에서는 데이터 구조와 알고리즘이 무엇인지 살펴보고, 기본 자료형과 빅 오(O) 표기법을 설명한다.

2장에서는 선형 데이터 구조인 배열, 연결 리스트, 스택, 큐를 설명한다.

3장에서는 트리와 트리 기반 데이터 구조를 설명한다.

4장에서는 해시 데이터 구조를 소개한다.

5장에서는 그래프의 기초를 간략하게 설명한다.

Part 2 - 알고리즘

6장에서는 일반적인 알고리즘인 선형 탐색과 이진 탐색을 소개한다.

7장에서는 정렬 알고리즘인 버블 정렬, 선택 정렬, 삽입 정렬, 병합 정렬, 퀵 정렬을 설명한다.

8장에서는 탐색 알고리즘인 너비 우선 탐색, 데이크스트라 알고리즘, A*
알고리즘을 소개한다.

9장에서는 군집 알고리즘인 K-평균 알고리즘과 K-최근접 이웃 알고리
즘을 소개하고, 머신러닝과 신경망을 간단히 살펴본다.

Part 3 - 알고리즘과 데이터 구조를 이해하는 데 필요한 지식들

10장에서는 무작위성의 개념에 대한 몇 가지 기본 지식을 설명한다.

11장에서는 스케줄링 알고리즘인 선착순 스케줄링, 최단 작업 우선 스케
줄링, 우선순위 스케줄링, 라운드 로빈 스케줄링, 다단계 큐 스케줄링, 다
단계 피드백 큐 스케줄링을 설명한다.

12장에서는 문제 해결에 적당한(예를 들면, 처리할 데이터 집단의 규모
같은 요건이나 제약을 토대로) 알고리즘 구조를 정립하는 단계인 알고리
즘 기획과 설계에 사용하는 순서도와 유사 코드를 소개한다.

부록은 추가적인 학습 자료를 안내한다.

이 책을 읽고 나면 데이터 구조와 알고리즘의 기초가 탄탄해지며, 프로그
램을 작성하고 설계할 때 책에서 배운 지식을 적용할 수 있을 것이다.

오탈자를 발견하거나 제안 사항이 있는 경우 wizplan.dybooks.it@
gmail.com으로 연락하기 바란다.

목차

Part 1 데이터 구조

Part 2 알고리즘

Part 3 데이터 구조와 알고리즘을 이해하는 데 필요한 지식들

12 알고리즘 기획과 설계   203

Part 1

데이터 구조

1부에서는 데이터 구조와 알고리즘이 무엇인지 간략하게 설명한 후
데이터 구조의 여러 가지 개념을 소개할 것이다. 기본적인 자료형을
소개한 후 선형, 트리, 해시, 그래프에 해당하는 데이터 구조를
살펴보면서 데이터 구조를 기초를 올바르게 이해하도록 하자.

1 데이터 구조와 알고리즘, 자료형, 빅 오 표기법

1장에서는 데이터 구조와 알고리즘이 무엇인지 살펴보면서 여행의 첫걸음을 내디딘다. 여기서는 기본 자료형을 소개하고, 빅 오(O) 표기법이 얼마나 이해하기 쉬운지 제시한다. 데이터 구조와 알고리즘data structure and algorithm. DSA을 다룬, 지루하고 지나치게 복잡한 책을 읽은 적이 있다면 1장의 속도감 있는 설명에 환호성을 지르게 될 것이다.

데이터 구조와 알고리즘 개요

> **"말은 쉽지. 코드를 보여줘."**
>
> — 리누스 토르발스, 리눅스의 아버지

2000년 8월 25일에 리누스 토르발스가 리눅스 커널 메일링 리스트에 답변으로 남긴 말이다. 이 문장은 프로그래머 사이에서 유명한 인용문이 되었다. 프로그래머가 이론을 포함한 배경지식을 배제한 채 일단 코드부터 확인하려는 상황에서 주로 사용된다. 이러한 접근법은 입문자나 빈약하게 자기주도학습을 수행하는 프로그래머에게서 흔히 볼 수 있다. 이들은 계획 없이, 스스로 많은 것을 안다고 판단하며 프로그래밍은 코드가 전부인 분야라고 생각한다. 이것은 사실이 아니며, 코드는 단지 문제를 해결하기 위해 프로그래머의 생각을 표현한 것에 불과하다. 이론을 포함한 배경지식을 더 많이 알수록 문제 해결을 위해 더 많은 시도를 할 수 있다.

데이터 구조와 알고리즘을 알면 문제 해결에 도움이 된다. 간혹 데이터 구조와 알고리즘이라는 용어를 반대로 이해하는 사람이 있는데, 데이터 구조와 알고리즘은 전혀 다른 개념이다. 데이터 구조와 알고리즘은 프로그래밍 언어를 다루지 않고서도 충분히 배울 수 있다. 프로그래밍의 본질은 알고리즘적 사고와 프로그래밍 언어의 문법으로 문제를 해결하는 것이다. 단, 이 책에서는 알고리즘적 사고에 중점을 두며 프로그래밍 언어의 문법은 다루지 않는다.

데이터 구조와 알고리즘을 논하기 전에 데이터가 무엇인지부터 잠깐 짚고 넘어가보자. 데이터는 직업이나 관심 분야에 따라 의미가 다양하다. 이 책에서 언급하는 데이터는 컴퓨터에 저장되어 있거나 컴퓨터가 가공 및 처리하는 모든 것이다. 데이터와 정보의 개념을 혼동하면 안 된다. 정보는 가공이나 처리가 끝난 데이터를 뜻하기 때문이다. 하지만 컴퓨팅 분야에서 대부분의 프로그래머는 데이터와 정보라는 용어를 혼용한다.

데이터 구조

데이터 구조는 데이터를 구성하고 저장하는 방법을 설명하며, 데이터를 식별하는 방법을 제공하고 데이터의 관계를 보여주는 개념이다. 한 가지 예를 통해 데이터 구조를 쉽게 이해해보자.

그림 1-1에는 부츠 1켤레와 구두 1켤레가 하나씩 교대로 놓여 있다.

그림 1-1 두 가지 종류의 신발

하나의 신발을 하나의 데이터라고 생각해보자. 이러한 데이터 배열을 관리하려면 신발의 종류와 정돈 상태를 식별하는 메커니즘이 필요하며 이것을 데이터 구조라고 한다.

데이터 구조는 그림 1-2와 같이 부츠와 구두를 구분하여 데이터를 구성하고 저장하는 메커니즘을 제공할 수 있다.

그림 1-2 부츠와 구두 구분

데이터 구조는 각 요소에 접근할 수 있으며, 그림 1-3과 같이 부츠든 구두든 상관없이 식별자(예를 들면 숫자)를 지정할 수 있다.

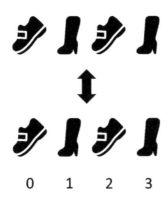

그림 1-3 식별자 지정

따라서 '2번째 구두'가 필요할 때 왼쪽에서부터 2번째인지 오른쪽에서부터 2번째인지 고민하는 대신, 데이터 구조에 '식별자가 2인 신발을 줘'라고 간단히 요청하면 원하는 것을 정확하게 얻을 수 있다.

여기까지 데이터 구조의 모든 개념을 설명했다. 그래도 데이터 구조가 무엇인지 여전히 모르겠다면, 데이터를 담는 컨테이너쯤으로 생각하는 것이 가장 좋다. 물론 이를 설명하는 훨씬 더 복잡한 방법도 있다.

알고리즘

알고리즘은 문제를 해결하기 위해 사용하는 일련의 단계다. 달리 말하면 정해진 순서대로 문제를 해결하는 방법이며 간단히 '절차'라고도 할 수 있다. 알고리즘의 정의를 설명하는 다양한 관점이 존재하지만, 한 가지 공통점은 문제를 해결하는 논리적 단계라는 뜻을 포함한다는 것이다. 문제를 해결하려면 알고리즘이 단순하고 명확하며 모호하지 않아야 한다.

일부 프로그래머는 프로그래밍 언어에서 극소수만 아는 난해한 기능을 사용해 다른 프로그래머가 이해하기 어려운 알고리즘을 만든다. 하지만 단순하고 직관적인 알고리즘이 더 강력하고 유용하다.

알고리즘은 자연어, 의사 코드, 프로그래밍 언어 등으로 표현할 수 있다. 지금부터 훌륭한 예를 통해 알고리즘의 동작을 확인해보자. 이 예에서는 코드를 배제한 채 순수 한글 문장만 사용하여 알고리즘의 동작 방식을 나타낼 것이다.

접시에 과일을 담는 상황을 가정해보자. 당연한 말이지만 접시를 집어 과일을 담으면 된다. 같은 과정을 로봇에게 설명하려면 어떻게 해야 할까? 일단 로봇에게 다음과 같이 명령할 수 있다.

① 찬장 앞으로 이동한다.

② 문을 연다.

③ 접시를 꺼낸다.

④ 과일 보관함 앞으로 이동한다.

⑤ 과일을 접시에 담는다.

이것은 논리적인 일련의 단계처럼 보이지만, 부엌의 상태를 생각해보면 로봇이 찬장 문을 열어뒀다(닫지 않았다)는 사실(빠진 단계가 있다)을 알 수 있다. 따라서 다음과 같이 알고리즘에 단계 하나를 더 추가한다.

① 찬장 앞으로 이동한다.

② 문을 연다.

③ 접시를 꺼낸다.

④ 문을 닫는다.

⑤ 과일 보관함 앞으로 이동한다.

⑥ 과일을 접시에 담는다.

로봇이 새로운 단계를 수행하는 것을 지켜보자. 만약 과일 보관함에 토마토가 있다면 로봇은 토마토가 과일인지 채소인지 알지 못하기 때문에 접시에 과일을 담지 못한 상태(6단계 수행 전)에서 멈춰 있을 것이다. 이제 알고리즘 동작 과정에서 데이터 구조의 역할이 필요한 시점이다.

데이터 구조와 알고리즘의 관계

데이터 구조와 알고리즘은 **서로 다른 개념**이면서 **상호 보완적**이다. 데이터 구조는 알고리즘이 다루는 데이터를 구성하며, 알고리즘이 데이터를 처리하고 사용자가 원하는 완전한 정보를 산출하는 과정에서 필요한 부분을 제공한다.

로봇이 접시에 과일을 담도록 명령하는 과정에서 발생한 문제를 살펴보자. 알고리즘은 완벽해 보였지만 단순한 분류 문제 때문에 로봇이 멈춰버렸다. 이를 해결하는 한 가지 방법은 씨방이 자라 나무의 열매가 되면 과일이고 나무가 아닌 식물의 일부면 채소라는 사실을 로봇에게 알려주는 것이다. 그러나 이렇게 하면 처리할 정보가 너무 많아 로봇이 혼란에 빠질 것이다. 프로그래머는 식물, 나무, 씨방, 채소가 무엇인지 정의해야 하며 이것은 알고리즘을 더욱 복잡하게 만들 것이다.

또 다른 해결 방법은 과일 보관함에 있을 만한 모든 과일의 사진으로 구성된 데이터 구조를 추가하고, 로봇이 인식한 품목이 데이터 구조의 구성원에 속하는지 확인하는 단계를 수행하는 것이다. 로봇은 인식한 품목이 데이터 구조의 구성원이면 접시에 담고, 그렇지 않으면 해당 품목을 건너뛰면 된다. 과일과 채소의 특성을 모두 지닌 애매한 품목이 있다면 채소보다 과일과 더 많은 특성을 공유하는 경우에만 접시에 담는다. '얼마나 많은 특성을 공유하느냐에 따라 결정되는 분류 결과'는 9장에서 군집화 알고리즘을 설명할 때 자세히 다룰 것이다.

기본 자료형

지금까지 데이터 구조와 알고리즘에 대해 언급했다. 데이터 구조는 알고리즘이 결과를 산출하는 과정에서 처리하는 데이터를 저장하고 구성한다. 또한 데이터는 컴퓨터에 저장되어 있거나 컴퓨터가 처리 중인 모든 것을 뜻한다. 지금부터는 데이터의 유형인 자료형에 대해 설명한다.

자료형은 처리할 데이터의 속성이 무엇인지, 데이터로 수행하려는 작업이 무엇인지 컴퓨터에 알려주려고 만든 것이다. 컴퓨터는 아주 정교한 장치이므로 자료형이 다양할 필요가 있다. "쓰레기를 입력하면 쓰레기를 출력한다"라는 말이 있다. 유의미한 결과를 얻으려면 유의미한 자료를 사용해야 한다는 뜻이다. 이것은 반은 맞고 반은 틀린 말이다. 컴퓨터가 입출력 장치인 것은 분명하지만, 데이터를 출력하기 전에 처리 및 가공하는 장치이기도 하다. 따라서 올바른 데이터를 입력해도 무의미한 결과를 출력할 수 있다.

올바른 데이터를 입력해도 무의미한 결과를 출력하는 상황은 다음과 같은 두 가지다. 가장 분명한 상황은 알고리즘이 잘못되어 컴퓨터가 문제 해결 과정에서 오류를 내는 것이다. 또 다른 상황은 처리할 데이터의 자료형을 컴퓨터에 알리지 못해 수행할 동작을 결정하지 못하고 무의미한 결과를 출력하는 것이다. 알고리즘 동작에 필요한 데이터의 자료형이 정해져 있는 경우에는 아무리 훌륭한 알고리즘이라도 이러한 상황이 발생할 수 있다. 이것은 단순해 보이지만 매우 중요한 사항이다.

처리할 자료형의 종류가 무엇인지 컴퓨터에 알려줄 때 사용하는 여러 이름을 **기본 자료형**이라고 한다. 더는 하위 자료형으로 나눌 수 없어 **원자 자료형**이라고도 한다. 컴퓨팅 분야의 다양한 자료형 중 프로그래밍 언어에서 굉장히 기본적인 요소여서 보통 프로그래밍 언어의 일부로 포함되어 있는 것이기도 하다.

프로그래밍 언어 중에는 다른 프로그래밍 언어에서 파생된 것이 많다. 이러한 프로그래밍 언어의 자료형은 일반적으로 뿌리가 되는 프로그래밍 언어의 자료형에 기인한다. 프로그래밍 언어의 자료형은 대부분 저마다 고유한 이름을 갖지만, 큰 틀에서 보면 모두 C 기반의 자료형에 기인한다.

기본 자료형 네 가지는 다음과 같다.

- **불**(boolean)
- **문자**(character)
- **정수**(integer)
- **부동 소수점 수**(floating-point number)

지금부터 기본 자료형 네 가지를 하나씩 자세히 살펴보자.

불

첫 번째로 살펴볼 자료형은 **불**이다. 불은 **논리 자료형**으로 참과 거짓, 0과 1, 켜기와 *끄기* 등 두 가지 상태를 표현할 수 있다.

불은 전통적 컴퓨팅* 분야의 핵심이라고 할 수 있는 자료형이다. 전통적 컴퓨터에는 켜고 끌 수 있는 수많은 트랜지스터로 구성된 프로세서가 장착되어 있다. 수많은 트랜지스터를 켜고 끔으로써 복잡한 연산, 데이터 저장 등 전통적인 컴퓨팅 환경에서 상상할 수 있는 모든 메커니즘이 구현된다.

예를 들어 **산술 논리 장치**^{arithmetic logic unit, ALU}와 **명령 레지스터**^{instruction register, IR}가 처리하는 이진 데이터는 단순히 0과 1의 조합으로 구성되므로 불 자료형으로 표현하기 쉽다. '켜기'와 *끄기*'의 개념은 모든 프로그래밍 언어에서 어떤 형태로든 표현할 수 있을 만큼 매우 강력하다.

한편 양자 컴퓨팅 분야에는 **큐비트**^{qubit}라고 하는 양자비트가 있다. 전통적인 컴퓨팅 분야에서는 불 자료형으로 '명백한 켜기'와 '명백한 *끄기*' 상태를 표현하는 것이 표준이지만, 양자 컴퓨팅 분야에는 0이나 1, 0과 1 어느 쪽도 확정할 수 없는 상태까지 표현하는 큐비트가 표준이다.

문자

다음으로 살펴볼 자료형은 **문자**다. 전통적인 컴퓨터는 이진 비트로 구성된 정보를 처리하며 숫자 처리에 최적화되어 있다. 반면에 사람은 누군가

---

* 옮긴이: 전통적(classical) 컴퓨팅이란 이진(binary) 데이터 기반의 컴퓨팅을 뜻한다.

와 대화할 때 사용하는 자연어로 구성된 정보 처리에 최적화되어 있다. 즉, 사람이 이진수를 나열해 표현한 데이터를 기억하는 것은 불가능에 가깝다.

그래서 컴퓨터에서는 문자나 여러 문자를 결합한 문자열을 사용해서 데이터를 표현할 수 있도록 해 사람이 데이터를 더 쉽게 이해하고 기억할 수 있도록 한다. 변수 cat을 예로 들면, cat을 이진수로 표현한 01100011 01100001 01110100보다 문자열 cat이 더 읽거나 기억하기 쉽다. 참고로 문자는 문자열을 구성하는 데 사용되며 컴퓨터마다 인코딩 방식이 다를 수 있다.

정수

정수는 수학적으로 자연수, 0, 자연수에 - 기호를 붙인 숫자를 함께 부르는 말이다. 컴퓨터는 숫자 처리에 최적화되어 있다. 그리고 숫자를 표현하는 데 정수보다 더 적합한 자료형은 없다.

단, 수학에서의 정수는 무한하지만, 컴퓨터 과학에서의 정수는 CPU 아키텍처와 메모리 용량의 한계, 프로그래밍 언어에 정해져 있는 정수 범위의 제한 때문에 무한하지 않다라는 점은 기억해두자. 상황에 따라서는 직접 원하는 범위의 정수를 다루는 별도의 자료형을 만들어야 할 수도 있다.

부동 소수점 수

부동 소수점 수는 6.5나 7.1과 같은 소수를 표현할 수 있다. 소수점이라고 부르는 작은 점(.)의 위치가 숫자를 정밀하게 표현하기 위해 어딘가 떠다

니는 것처럼 움직이기 때문에 **부동점**^{floating point}이라는 이름이 붙었고, 한국어로 번역하는 과정에서 부동 소수점이 되었다.

부동 소수점의 정밀도는 **단정도**^{single precision}와 **배정도**^{double precision}로 나뉜다. 단정도 부동 소수점 수는 32비트로 1워드*를 표현하고, 배정도 부동 소수점 수는 64비트로 1워드를 표현한다.

그래서 단정도 부동 소수점 수를 표현하는 자료형을 float, 배정도 부동 소수점 수를 표현하는 자료형을 double이라고 구분한다. 이 밖에 128비트를 1워드로 표현하는 decimal이라는 자료형도 있다.

함수

함수^{function}는 컴퓨터 과학과 밀접하게 관련된 수학적 개념이다. **프로그래밍에서의 함수**는 특정 동작을 수행하는 코드 덩어리를 뜻한다. 프로그래밍의 함수를 수학적 개념의 함수와 헷갈려서는 안 된다.

수학에서의 함수는 **독립 변수**(계산하기 전 입력값을 저장하는 변수)를 **종속 변수**(연산 결괏값를 저장하는 변수)에 대응시키는 표현식이다. 함수가 입력받는 값의 집합을 **정의역**, 함수가 계산하는 결괏값의 집합을 **치역**이라고 한다. 정의역의 각 원소는 치역 안 하나의 원소에만 대응한다. 즉, 함수는 정의역의 각 원소에 대응되는 치역의 원소를 결정한다.

---

* 옮긴이: CPU가 한 번의 버스 사이클을 통하여 메모리나 입출력 장치에 접근할 때 데이터의 크기다. 예를 들어, 32비트 OS에서 1워드는 32비트이고 64비트 OS에서 1워드는 64비트이다. CPU 아키텍처에 따라 처리하는 데이터양은 다르다.

그림 1-4는 숫자로 구성된 정의역을 문자로 구성된 치역에 대응시키는 함수다.

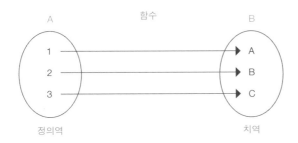

그림 1-4 수학에서의 함수

한편 프로그래밍의 함수를 시각적으로 표현해보면 입력을 받아 어떤 처리 과정을 수행한 후 출력을 제공하는 상자로 나타낼 수 있다. 상자가 마치 컴퓨터 같다고 생각되지 않는가? 그림 1-5는 함수의 기본 형태다.

그림 1-5 함수의 기본 형태

앞서 프로그래밍에서의 함수와 수학에서의 함수를 혼동해서는 안 된다고 언급했다. 하지만 프로그래밍의 함수 중 일부는 매개변수를 입력받아 처리한 값을 반환한다는 점에서 수학에서의 함수와 같다. 간단하지만 중요한 개념이므로 이해하고 기억해두자.

함수, 메소드, 프로시저, 서브루틴

이 책은 코드를 배제한 채 데이터 구조와 알고리즘을 설명한다. 하지만 이후에 알고리즘을 설명할 때 프로그래밍 언어와 관련된 몇 가지 용어가 등장할 것이다. 이때 등장할 함수, 메소드, 프로시저, 서브루틴이라는 용어를 지금 소개하므로 이해한 후 익숙해지자.

함수를 처음 설명할 때는 우리에게 친숙한 것과 연관 짓는 방식이 가장 좋다. 예를 들어 집을 지을 때는 벽돌 블록을 차곡차곡 쌓아 올린다. 벽돌 블록 집단끼리 결합하여 벽이나 방을 만들 수 있고, 벽돌 블록을 구성하는 방법에 따라 창이 있거나 없는 벽을 만들 수도 있다. 즉, 수많은 벽돌 블록으로 이루어진 커다란 집은 하나의 프로그램에 비유할 수 있다.

건축 영역에서는 실제로 사람이 벽을 조립해야 하므로 창이 있거나 없는 벽의 형태로 벽돌 블록 구성을 저장한 후 복제하는 것이 불가능하다. 하지만 소프트웨어를 만들 때는 벽돌 블록의 구성에 해당하는 코드 덩어리를 저장한 후 여러 번 복사 및 반복해서 사용할 수 있다. 이러한 코드 덩어리를 함수라고 한다.

프로그래밍에서의 함수는 **매개변수(파라미터)** 또는 **인수**라고 하는 데이터를 입력으로 사용하며 때로는 결과를 반환하기도 한다. 입력을 기반으로 출력을 제공하는 수학에서의 함수와 달리 프로그래밍에서의 함수는 아무런 결과도 반환하지 않을 수 있다. C 기반의 프로그래밍 언어에서는 이를 void 함수라고 한다.

객체 지향 프로그래밍 언어object oriented programming language, OOPL에 속하는 프로그래밍 언어에는 다른 코드의 청사진blueprint 역할을 하는 특수한 코드가 존재한다. 이를 **클래스**라고 하며, 클래스 내부에 있는 함수를 **메소드**라고 한다. 근본적으로 메소드는 클래스의 객체 이름을 사용해 호출하는 함수를 뜻한다.

일부 프로그래밍 언어에서는 함수를 **프로시저** 또는 **서브루틴**이라고 한다. 하지만 일부 프로그래머 사이에서는 프로시저가 값을 반환하지 않는 함수를 뜻하기도 한다.

함수, 메소드, 프로시저, 서브루틴은 모두 의미와 사용하는 목적이 같다. 단지 사용하는 프로그래밍 언어나 지식을 전달하는 상대에 따라 용어의 선택이 달라질 뿐이다. 이들은 모두 커다란 프로그램 내에서 호출될 수 있는 작은 프로그램 또는 하위 프로그램이다.

재귀와 반복

알고리즘을 논하기에 앞서 마지막으로 살펴볼 개념은 재귀와 반복이다.

재귀는 이해하기 까다로운 개념이다. 예를 들어 '뚫뚫'이라는 새로운 단어를 들었는데 그 뜻을 모른다고 가정해보자. 사전에서 찾은 단어의 정의가 다음과 같다면 어떻게 해야 할까?

> **'뚫뗌':** '뚫뗌'을 참조하세요.

자기 자신을 참조하므로 사전에서는 사용하면 안 되는 표현이다. 하지만 프로그래밍 영역에는 실행 도중 자기 자신을 호출하는 함수인 **재귀 함수**를 기본으로 제공하거나 직접 정의할 수 있다. 이 재귀 함수는 보통 특정 조건을 충족할 때까지 끊임없이 동작한다.

컴퓨터의 메모리에는 한계가 있으므로 재귀 함수가 자기 자신을 호출하는 횟수가 늘어날수록 컴퓨터의 가용 메모리 공간은 점점 줄어든다. 결국 자기 자신을 호출하는 횟수의 한계인 **최대 재귀 깊이**^{maximum recursion depth}를 초과해 스택 오버플로 에러^{stack overflow error}가 발생할 수 있다.

재귀는 프로그래밍 언어에서 자주 쓰이는 개념이며, 실제로 많은 알고리즘이 재귀적으로 동작한다. 앞으로 이 책을 읽어나가며 이러한 알고리즘의 몇 가지 예와 마주할 것이다.

반복은 재귀와 혼동해서는 안 되는 또 다른 개념이다. 알고리즘 내부에서의 반복이란 특정 조건이 충족될 때까지 코드 덩어리의 실행이 되풀이되는 것을 뜻한다.

예를 들어 사용자가 컴퓨터에 비밀번호를 입력하는 장면을 상상해보자. 올바른 비밀번호를 입력할 때까지 정해진 횟수만큼 입력을 허용하도록 프로그램을 설계할 수 있다. 프로그램에서 사용자에게 비밀번호를 입력할 수 있는 기회를 3회 주고 3회를 초과했을 때 접근을 차단한다면, 이 프로그램의 핵심은 반복적으로 3회 실행되는 함수다.

이 시나리오에서는 비밀번호를 입력받는 코드 덩어리의 실행이 3회 반복된다. 반복을 빠져나오기 위한 조건은 3회 안에 올바른 비밀번호를 입력하거나 잘못된 비밀번호를 3회 연속 입력하는 것이다.

반복은 알고리즘 실행뿐만 아니라 일반적인 프로그래밍에서도 광범위하게 사용된다. 반복에서 유의할 점은 재귀와 마찬가지로 컴퓨터 가용 메모리의 한계 때문에 반복의 종료 조건을 지정하지 않으면 프로그램에 에러가 발생한다는 것이다.

많은 알고리즘이 재귀나 반복을 사용하여 문제를 해결한다. 하지만 가장 적합한 방법을 선택하는 것은 알고리즘을 설계하는 사람의 재량이다.

알고리즘의 세 가지 유형

알고리즘의 문제 해결을 위한 세 가지 유형을 살펴보며 데이터 구조와 알고리즘에 대한 소개를 마칠까 한다. 이 세 가지 유형에는 분할 정복 알고리즘divide and conquer algorithm, 탐욕 알고리즘greedy algorithm, 동적 프로그래밍dynamic programming(=동적 계획법) 알고리즘이 있다.

분할 정복 알고리즘은 큰 문제를 여러 개의 작은 문제로 나눠 해결하고 결과를 결합해 하나의 해결 방법을 얻는 알고리즘이다. 나무에 달린 잎을 나르는 개미를 떠올려보자. 개미의 목표가 나무의 모든 잎을 나르는 것이라면 개미 한 마리가 하기에는 너무나도 벅찬 일이다.

하지만 수천 마리의 개미가 각자 하나의 나뭇잎을 채취한다면, 나무의 모든 잎을 나른다는 목표를 달성할 수 있다. 컴퓨팅 분야에서도 큰 문제를 해결하기 위해 이러한 방식의 접근이 필요하다.

탐욕 알고리즘은 실행되는 순간마다 최상의 결정(가장 적합한 동작)을 내리는 알고리즘이다. 탈출한 악당을 잡을 것인지 절박한 위험에 처한 여성을 구할 것인지 순간적으로 판단해야 하는 슈퍼 영웅을 떠올려보자. 이를 위해서는 결단력이 필요하며, 슈퍼 영웅은 그 순간을 기준으로 가장 적합한 판단을 할 것이다.

단, 매번 최선의 결정을 내리며 살더라도 그 결정이 인생 전체에 대해 언제나 최선일 수는 없다. 이처럼 탐욕 알고리즘이 내리는 결정도 문제 전체를 해결하는 최적의 결정인지는 장담할 수 없다.

탐욕 알고리즘으로 해결해야 하는 문제 가운데 컴퓨터 과학에서 가장 유명한 **방문 판매원 문제**를 살펴보자.

> **방문 판매원이 n개의 도시를 방문하려고 한다. 가능한 한 최소 거리를 이동하며 n개의 도시를 모두 방문하는 최단 경로는 무엇인가?**

탐욕 알고리즘이 문제를 해결하는 방식은 한 도시에서 시작해 방문한 도시마다 그다음으로 가장 가까운 도시를 방문하는 것이다. 이것이 최단 경로인지는 장담할 수 없지만, 최적 경로의 근사치는 구할 수 있다.

한편 **동적 프로그래밍** 알고리즘이 문제를 해결하는 방식은 탐욕 알고리즘과 대조를 이룬다. 동적 프로그래밍 알고리즘은 과거에 내린 결정이 앞으로의 결정에 영향을 주는 알고리즘이다. 탐욕 알고리즘과 동적 프로그래밍 알고리즘 모두 문제를 더 작은 단위로 나누는 데 중점을 둔다는 공통점이 있지만, 탐욕 알고리즘은 특정 순간에 최적인 해결 방법을 찾고 동적 프로그래밍 알고리즘은 문제를 해결하는 다양한 해결 방법을 찾아 저장한 후 나중에 재사용한다는 점에 차이가 있다.

동적 프로그래밍 알고리즘은 음성 인식, 유전자 염기서열 분석, 연쇄 행렬 곱셈에 주로 사용된다. 간단히 정리하자면 탐욕 알고리즘은 근사치를 구하고 동적 프로그래밍 알고리즘은 최적화를 한다.

알고리즘 분석

아직 알고리즘의 유형만 파악했을 뿐 구체적으로 어떤 알고리즘이 있는지 살펴본 것은 아니다. 앞으로 소개할 다양한 알고리즘의 이해를 돕기 위해 지금부터 기본적인 알고리즘 분석을 살펴본다.

사실 알고리즘을 설계하는 것과 분석하는 것은 별개의 과정이다. 알고리즘을 설계한 뒤에는 알고리즘의 성능을 분석할 필요가 있다. 앞서 살펴본 바와 같이 알고리즘은 문제를 해결하기 위해 사용하는 일련의 단계다. 문제를 해결하기 위해 사용하는 단계가 적을수록 더 효율적인 알고리즘이라고 할 수 있다. 그래서 알고리즘의 효율성을 분석할 때는 **시간 복잡도**time complexity **와 공간 복잡도**space complexity 의 두 가지 방법을 이용한다.

- **시간 복잡도**: 주어진 입력에 따라 알고리즘이 문제를 해결할 때 걸리는 시간을 뜻한다. 시간 복잡도를 이용하는 알고리즘 분석은 알고리즘의 성능이 얼마나 효율적인지 알 수 있는 가장 일반적인 방법이다.

- **공간 복잡도**: 알고리즘이 문제를 해결할 때 점유하는 컴퓨터의 메모리 공간을 뜻한다. 공간 복잡도를 이용하는 알고리즘 분석은 그리 널리 사용되는 편이 아니다. 자원이 제한된 시스템에서 동작하는 프로그램을 구현하는 것과 같이 특별한 경우에 사용하는 분석 방법이다.

이처럼 알고리즘을 분석하는 방법은 두 가지지만, 알고리즘을 분석하거나 성능을 측정할 때는 시간 복잡도를 훨씬 더 자주 이용한다. 그러므로 이 책에서 소개하는 다양한 알고리즘을 효과적으로 이해하려면 시간 복잡도를 이용하는 알고리즘 분석을 중점적으로 살펴볼 필요가 있다.

알고리즘의 시간 복잡도를 분석하는 방법은 두 가지며, 실제적인 방법과 수학적인 방법이 있다. 실제적인 방법은 입출력 데이터의 양이 알고리즘 동작에 미치는 영향을 관찰하고 기록하는 것이다. 이러한 관찰과 기록을 바탕으로 알고리즘이 얼마나 효율적인지 판단할 수 있다. 하지만 실제적인 방법은 정확성이 떨어지고 사용 범위가 제한적이다. 이를 피하려면 수학적인 방법을 사용해야 한다.

알고리즘의 효율성을 수학적으로 판단하는 방법은 **점근적 분석**asymptotic analysis이라고도 한다. 이 분석 방법의 본질은 수학적으로 알고리즘 성능의 한계를 증명하는 것이므로 실제적인 방법보다 많은 시간을 절약할 수 있기도 하다.

구체적으로는 알고리즘의 성능이 최악이 되는 경계를 판단하거나 알고리즘의 평균 성능을 찾으며, 이때 알고리즘 사이의 점근적 증가율^{asymptotic} growth rate*을 비교하기 위해 빅 오 표기법을 사용한다.

빅 오 표기법

알고리즘의 효율성을 수학적으로 판단하는 방법은 몇 가지 범주로 나눌 수 있다. 알고리즘을 실행하는 데 걸리는 시간이 가장 긴 최악의 경우를 측정하는 것, 알고리즘을 실행하는 데 걸리는 시간이 가장 짧은 최상의 경우를 측정하는 것, 최악의 경우와 최상의 경우를 모두 측정하는 것이다. 때로는 알고리즘을 실행하는 데 걸리는 시간의 평균을 측정할 수도 있다.

이러한 알고리즘의 효율성을 설명할 때는 빅 오메가(Ω), 리틀 오메가(ω), 빅 오(O), 리틀 오(o), 세타(Θ) 등 다양한 표기법이 존재하며 각 표기법은 용도가 정해져 있다.

여러 표기법 중에서 점근적 분석에 가장 많이 사용되는 것은 **빅 오 표기법**이다. 왜 빅 오(O)라고 부르게 됐을까? 빅 오라는 이름에서 대문자 O는 시간 복잡도의 정도를 나타내는 표기법인 차수^{order} (복잡도의 차수^{order of complexity}라고도 함)를 뜻한다. 그런데 알고리즘의 복잡도를 주로 대문자 O 또는 빅 오를 사용해서 표기하는 관례가 생기면서 자연스레 빅 오 표기법이라고 부르게 된 것이다.

---

* 옮긴이: 알고리즘에 입력하는 데이터양의 증가에 따른 처리 시간 변화율을 뜻한다.

참고로 오메가(Ω, ω) 표기법은 알고리즘을 실행하는 데 걸리는 최소 시간을 측정하고 세타 표기법은 알고리즘을 실행하는 데 걸리는 최소 및 최대 시간을 모두 측정한다. 반면에 빅 오 표기법은 알고리즘을 실행하는 데 걸리는 최대 시간을 측정한다. 빅 오 표기법의 본질은 알고리즘의 실행 시간이 최악인 경우를 나타내는 것이다.

빅 오 표기법으로 실행 시간을 나타내는 방법은 여러 가지며, 주로 다음과 같이 분류할 수 있다.

- $O(1)$: 상수형 알고리즘이며, 데이터 입력량과 무관하게 실행 시간이 일정하다.
- $O(n)$: 선형 알고리즘이며, 데이터 입력량에 비례하여 실행 시간이 늘어난다.
- $O(\log n)$: 로그형 알고리즘이며, 시간이 선형적으로 증가하면 n이 기하급수적으로 증가한다. 이는 데이터 입력량이 늘어날수록 단위 입력당 실행 시간이 줄어든다는 뜻이다.
- $O(n\log n)$: 선형-로그형 알고리즘이며, 데이터 입력량이 n배 늘어나면 실행 시간이 n배 조금 넘게 늘어난다.
- $O(n^2)$: 2차 알고리즘이며, 데이터 입력량의 제곱에 비례하여 실행 시간이 늘어난다.
- $O(2^n)$: 지수형 알고리즘이며, 데이터 입력이 추가될 때마다 실행 시간이 2배로 늘어난다.
- $O(n!)$: 계승(팩토리얼)형 알고리즘이며, 데이터 입력이 추가될 때마다 실행 시간이 n배로 늘어난다.

이것은 가장 대중적인 분류 방법이다. 알고리즘 성능이 좋은 순서대로 나열하면 $O(1)$, $O(\log n)$, $O(n)$, $O(n\log n)$, $O(n^2)$, $O(2^n)$, $O(n!)$과 같다. 상

수형 알고리즘인 O(1)의 성능이 가장 좋고 계승(팩토리얼)형 알고리즘인 O($n!$)의 성능이 가장 나쁘다. O($n!$)은 실제로 컴퓨터 과학이 해결해야 하는 복잡한 문제의 시간 복잡도이며, 대표적으로 앞서 살펴본 방문판매원 문제가 있다.

마치며

1장에서는 데이터 구조와 알고리즘이 무엇인지 소개했다. 데이터, 함수, 데이터 구조, 알고리즘에 대해 논하고 기본 자료형, 반복, 재귀, 알고리즘의 세 가지 유형을 살펴보았다. 그런 다음 한 단계 더 나아가 알고리즘 분석과 빅 오 표기법의 기본적인 내용도 살펴보았다. 믿기 힘들겠지만 1장의 내용 중 일부를 이해하지 못하는 실무 개발자가 있는 것이 사실이다. 따라서 1장의 내용을 제대로 파악했다면 어느 정도 개발 상식이 늘었다고 생각해도 무방하다. 2장에서는 선형 데이터 구조를 살펴봄으로써 데이터 구조와 알고리즘 세계로의 여행을 본격적으로 시작한다.

1장에서는 데이터 구조와 알고리즘을 개괄적으로 살펴보았다. 2장부터는 단순한 선형 데이터 구조를 비롯해 다양한 종류의 데이터 구조를 살펴볼 것이다. 선형 데이터 구조를 이해하고 나면 어떤 데이터 구조가 더 직관적인지 따져보는 사고방식에 익숙해질 수 있다.

참고로 데이터 구조를 다뤄본 경험이 있는 사람이라면 요약된 설명이 마음에 들 것이고, 데이터 구조를 처음 학습하는 사람이라면 이해하기 쉬울 정도의 간결함에 놀랄 것이다.

2 선형 데이터 구조

컴퓨터 메모리

본격적으로 선형 데이터 구조를 살펴보기 전에 컴퓨터 메모리에 대해 어느 정도 알아둘 필요가 있다. 데이터 구조를 이해하려면 기본 하드웨어 중에서도 특히 메모리가 어떻게 구성되어 있는지 알아야 하기 때문이다.

일반적으로 **컴퓨터 메모리**는 컴퓨터가 처리 중이거나 처리를 끝낸 데이터를 저장할 수 있는 공간을 말한다. 메모리의 본질은 **컴퓨터의 저장 공간**이다. 즉, 컴퓨터 메모리는 마치 물과 물고기의 관계처럼 데이터 구조에 필수적인 자원이다. 데이터 구조는 사용 가능한 자원을 효과적으로 관리하기 위해 존재하며, 그러한 자원 중 하나가 메모리다. 또한 컴퓨터 메모리에 대한 기본적인 이해는 선형 데이터 구조의 동작 방식을 이해하는 데 도움이 된다.

컴퓨터 메모리는 계층적으로 구성되어 있고, 각 계층을 이루는 메모리 유형마다 정해진 역할이 있다. 무언가가 계층적이라는 것은 서열에 따라 정해진 순서가 있음을 의미한다. 실생활에서도 군대를 비롯한 많은 시스템에서 다양한 계층 구조를 발견할 수 있는데 컴퓨터 메모리도 마찬가지다.

계층 구조를 표현하는 여러 방법 중 컴퓨터 메모리를 나타내는 데 가장 이상적인 것은 피라미드 형태의 **적층 구조**다. 컴퓨터 메모리의 구조를 시각화하는 좋은 방법은 그림 2-1과 같이 용량이 가장 큰 메모리부터 가장 작은 메모리까지 층층이 쌓아 피라미드 형태로 나타내는 것이다.

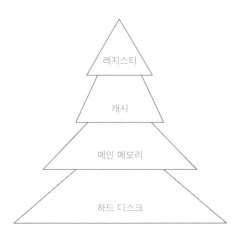

그림 2-1 메모리 계층 구조

단, 이 구조는 컴퓨터 메모리의 전체 구성에 필요한 요소를 나타내는 것이지 특정 메모리가 다른 메모리보다 상대적으로 더 중요하다는 뜻은 아니라는 사실을 기억해두자. 즉, 컴퓨터에 존재하는 여러 종류의 메모리를 용량에 따라 배열한 계층 구조라고 할 수 있다.

그림 2-1에서 볼 수 있듯이 메모리 계층 구조의 최하단 요소는 하드 디스크다. 컴퓨터에는 SSD^{solid state drive} 또는 HDD^{hard disk drive}와 같은 저장

장치가 있으며, 이들을 디스크 저장 장치^{disk storage} 또는 하드 디스크^{hard} ^{disk}라고 한다. 하드 디스크는 메인 메모리인 RAM^{random access memory}에 적재되는 데이터를 저장한다.

다음에 살펴볼 계층은 컴퓨터의 메인 메모리인 RAM이다. RAM에 적재된 데이터는 CPU 칩에 내장된 캐시^{cache}라는 메모리 유형에 적재된 후, 결국 CPU가 처리 중인 데이터를 저장하는 레지스터^{register}에 적재된다.

워드 프로세서의 실행을 예로 들어보자. 해당 소프트웨어는 하드 디스크에 항상 저장되어 있으며, 이를 실행하면 하드 디스크에서 RAM으로 프로그램이 적재된다.

RAM에 이어 살펴볼 계층은 캐시 메모리로 CPU가 가장 많이 사용하는 데이터를 저장한다. 이 덕분에 일부 연산의 처리 속도를 매우 빠르게 만든다. 일반적으로 캐시는 L1과 L2라는 두 가지 종류가 있는데, L1 캐시는 CPU 레지스터만큼 빠르고, L2 캐시는 L1 캐시보다 느리지만 RAM보다는 빠르다.

캐시의 용량은 수MiB를 넘지 않을 정도로 작으며 일반적으로 KiB 단위다. 보통 L1 캐시는 수십KiB에서 100KiB 범위고, L2 캐시는 수백KiB다. 일부 CPU 제조사는 L2 캐시의 역할을 다시 보조하는 L3 캐시를 장착한 CPU를 생산하며 L3 캐시의 용량은 수MiB다.

아마 여러분은 국제단위계(International System of Units, SI)에서 정한 접두어가 붙은 킬로바이트(kilobyte), 메가바이트(megabyte), 기가바이트(gigabyte), 테라바이트(terabyte) 등의 단위에 익숙할 것이다. 이러한 단위에는 십진 접두어(decimal prefix)가 붙어 있다. 킬로를 예로 들어 보자. SI 접두어인 킬로는 1,000을 나타낸다. 그러나 국제단위계 단위로는 디지털 정보의 크기를 일관성 있게 나타낼 수 없다. 컴퓨팅 분야에서 사용하는 1킬로바이트는 일반적으로 1,024바이트를 뜻한다. 바이트나 비트의 크기를 나타내려면 이진 접두어(binary prefix)가 붙은 단위를 사용하기 때문이다.

다른 과학 분야와 마찬가지로 컴퓨터 과학에서도 일관적인 단위가 중요하다. 그래서 메모리의 크기를 일관성 있게 나타낼 때는 국제전기기술위원회(International Electrotechnical Commission, IEC)의 단위를 사용한다. IEC 단위는 이진 접두어를 사용해 메모리의 크기를 나타내기 때문이다. 국제단위계의 킬로바이트(KB), 메가바이트(MB), 기가바이트(GB)는 각각 킬로바이너리바이트(KiB), 메가바이너리바이트(MiB), 기가바이너리바이트(GiB)로 대체된다. 이들을 축약하여 키비바이트(kibibyte), 메비바이트(mebibyte), 기비바이트(gibibyte)라고 부르기도 한다. 이 책에서는 메모리의 크기를 언급할 때 IEC 표준을 사용한다.

캐시는 많은 장점을 갖고 있지만 용량이 너무 크면 비효율적이다. 캐시의 연산 처리 속도가 빠른 이유 중 하나는 RAM보다 용량이 훨씬 작아서 데이터를 쉽게 찾을 수 있기 때문이다. 하지만 캐시의 용량이 너무 커지면 연산 처리 속도 면에서의 장점이 줄어들게 된다.

메모리 계층 구조의 최상단 요소는 레지스터다. 레지스터는 연산 처리 속도가 굉장히 빠르며 CPU에 장착할 수 있을 만큼 크기가 작은 메모리다. 저급(low-level) 프로그래밍 언어를 사용하면 이러한 메모리 유형에 직접 접근할 수 있다.

컴퓨터 메모리는 그림 2-2처럼 연산 처리 속도에 따른 계층 구조로도 시각화할 수 있다. 이 계층 구조에서는 하드 디스크가 가장 느리고 레지스터가 가장 빠르다.

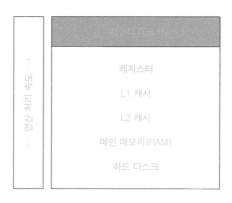

그림 2-2 연산 처리 속도에 따른 메모리 계층 구조

컴퓨터 메모리의 계층 구조와 함께 알아두어야 하는 것은 메모리 공간을 식별하기 위해 사용하는 **메모리 주소**memory address다. 이는 물리적(RAM이나 하드 디스크 같이 실제 자료나 프로그램이 저장되는 공간을 뜻함)인 주소이며, 운영체제는 물리적인 주소에 가상의 주소를 매핑하여 실제 메모리보다 더 많은 메모리가 있다고 프로그램이 착각하게 만들 수 있다. 이처럼 실제로 존재하지 않지만 물리적인 주소에 매핑되어 메모리 역할을 하는 영역을 **가상 메모리**virtual memory라고 한다. 물리적인 메모리 공간의 크기는 한정적이므로 메모리가 고갈되는 상황이 발생할 수 있다. 이때 운영체제가 제공하는 메모리 관리 기능은 가상 메모리를 사용하여 프로그램이 제대로 실행되기에 충분한 메모리를 확보한다.

앞서 언급했듯이 가상 메모리는 물리적인 메모리 공간에 매핑되어 있다. 그래서 가상 메모리에는 프로그램에 할당된 메모리상의 위치를 식별하기 위한 **가상 주소**가 존재한다. 또한 가상 메모리를 일정한 크기의 페이지로 나눠서 사용하는 **페이징**paging이라는 개념과 페이지에 매핑된 주소를 물리적인 주소로 변환하는 **페이지 테이블**page table이라는 개념도 있다.

두 가지 개념은 특정 데이터가 물리적인 메모리 공간에 여러 개로 나뉘어 저장되어도 서로를 참조해 해당 데이터를 손실 없이 안전하게 불러올 수 있도록 돕는다. 또한 연속된 메모리 공간에 데이터를 저장하지 않아도 되므로 물리적인 메모리 공간을 효율적으로 사용하도록 돕기도 한다.

운영체제가 프로그램에 제공하는 가상 주소는 가상 메모리의 각 페이지를 식별한다. 컴퓨터에 무언가를 저장하도록 요청하면 운영체제는 사용 가능한 페이지를 확보하고 동작을 수행한다. 만약 사용 가능한 페이지가 없으면 에러가 발생하며 프로그램이 실행되지 않을 것이다.

아직 이 내용의 중요성을 체감하기 어렵겠지만 일단 머릿속에 정리해두고 선형 데이터 구조의 학습을 이어나가길 바란다.

선형 데이터 구조의 개요

데이터 구조가 선형이라는 것은 데이터 구조를 구성하는 요소들이 서로 인접해 순차적인 방식으로 정렬되어 있음을 뜻한다. 이러한 데이터 구조는 이해하기 쉬울뿐더러 프로그램을 개발할 때 사용하기 쉽다.

2장에서는 가장 일반적인 선형 데이터 구조인 배열과 리스트에 대해 살펴본다. 배열과 리스트는 범용적인 데이터 구조라고 할 수 있는데, 그 이유는 거의 모든 데이터 구조가 배열이나 리스트에서 파생됐거나 어떤 방식으로든 배열과 리스트를 사용하기 때문이다.

따라서 배열과 리스트를 이해하면 다른 데이터 구조를 다루기 위한 기반 지식을 얻게 되는 셈이다. 배열과 리스트는 프로그래밍 언어마다 다른 이름으로 불리지만 기능과 구조는 비슷하므로 어떤 프로그래밍 언어를 사용하든 문제없이 다룰 수 있다.

배열

배열은 데이터를 저장하고 구성하는 데 사용하는 가장 기본적인 데이터 구조 중 하나로, 보통 프로그래밍 언어의 밑바탕에 속한다. 널리 사용되는 C 기반 프로그래밍 언어는 모두 배열을 사용하므로 배열을 접하지 않는 것이 불가능에 가깝다. 따라서 배열은 단순하지만 강력하며 데이터 구조의 모든 것을 살펴보기 위한 최적의 출발점이다.

배열은 자료형이 같은 요소들을 저장한다. 1장에서 다양한 자료형에 관해 설명했으므로 기억이 나지 않으면 해당 내용을 다시 살펴보자. 배열에 저장된 각각의 자료를 **요소**element라고 하며, 0부터 번호가 매겨진다.

요소에 매겨진 숫자를 배열의 **인덱스**index라고 한다. 배열은 그림 2-3과 같은 구조이며, 요소들이 순차적으로 정렬되어 있다. 요소들은 보통 쉼표로 구분한다. 이것이 대부분의 C 기반 프로그래밍 언어에서 배열을 표현하는 방식이며 이 책에서 사용하는 규칙이기도 하다.

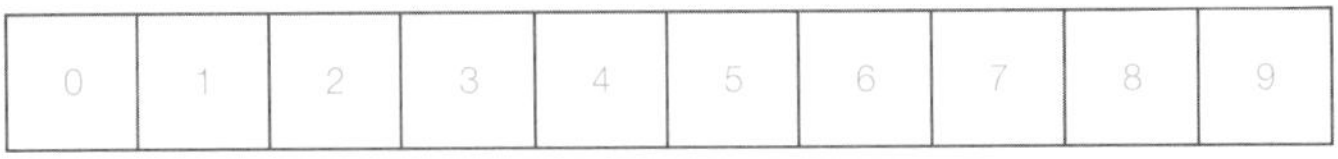

0	1	2	3	4	5	6	7	8	9

그림 2-3 배열의 구조

배열 내의 요소들은 순차적 또는 연속적으로 정렬되어 있다. 이러한 특징으로 인해 배열 요소들을 임의의 순서로 읽을 수 있다. 그러나 요소들의 순차적 구성 때문에 배열에서 데이터를 추가하거나 삭제할 때는 배열 내 다른 데이터의 순서를 다시 매겨야 하므로 처리하는 데 많은 시간이 걸릴 수 있다. 이것은 데이터 구조로서 배열의 주요 한계점 중 하나며, 책을 읽다 보면 배열의 또 다른 한계점들을 발견하게 될 것이다.

대부분의 프로그래밍 언어에서는 컴퓨터가 배열에 메모리를 할당하기 전에 프로그래머가 배열 크기를 지정해야 한다. 이는 프로그램을 실행하기 전에 배열 크기를 예약할 수 있다는 뜻이다. 다른 프로그래밍 언어에서는 메모리를 명시적으로 예약할 필요가 없는 메커니즘을 제공해 메모리 공간을 절약하고 프로그래머의 부담을 덜어준다.

앞에서 설명한 배열의 유형은 **1차원**^{one-dimensional} **배열**이다. 배열의 요소에 접근할 때, 각 인덱스가 가리키는 요소가 단일 행 또는 단일 열을 나타내므로 1차원 배열이라고 한다.

배열은 다차원^{multidimensional}일 수도 있다. **다차원 배열**은 요소가 배열로 이루어진 배열이며, 무언가를 그리드(격자) 형태로 정의할 때 유용하다. 예를 들어 2차원 배열은 프로그래밍으로 모든 요소에 접근할 수 있는 행과 열의 그리드다. 참고로 2차원 배열은 가장 일반적인 다차원 배열이자 2차원 구조이며, 여기에 데이터를 저장한 것을 **행렬**^{matrix}이라고 한다.

리스트

리스트는 배열의 특별한 유형이라고 할 수 있다. 배열 요소는 메모리에 순차적으로 저장되지만, 리스트의 요소는 흩어진 상태로 메모리에 저장된다. 이 때문에 **연결 리스트**linked list(링크드 리스트라고도 한다)는 메모리를 더 효과적으로 사용할 수 있다.

리스트의 요소는 데이터 요소와 포인터(=참조)의 쌍으로 구성된다. **포인터**는 리스트 내의 바로 다음 요소가 저장된 메모리 위치를 가리킨다. 따라서 어떤 데이터 요소에 접근하려면 바로 이전 요소의 포인터를 사용해야 한다.

연결 리스트에서 데이터 요소와 다음 요소를 가리키는 포인터의 쌍을 **노드**node라고 한다. 연결 리스트는 해당 리스트에 진입하는 지점이 있도록 구성되며, 이러한 진입점을 연결 리스트의 **헤드**head라고 한다.

노드 하나가 다른 노드를 가리키는 포인터 하나를 갖는 유형의 연결 리스트를 **단방향 연결 리스트**singly linked list라고 한다. 단방향 연결 리스트에서 마지막 노드는 다른 노드를 가리키지 않으므로 포인터는 **널**null **값**(널은 어떠한 값도 갖지 않는 상태이며, 널 값은 시스템에 따라 다르게 정의됨)을 갖는다. 그림 2-4는 단방향 연결 리스트의 구조를 잘 보여준다.

그림 2-4   단방향 연결 리스트의 구조

각 노드가 다음 노드를 가리키는 포인터와 이전 노드를 가리키는 포인터를 함께 갖는 연결 리스트 구조도 있는데, 이를 **양방향 연결 리스트**doubly linked list라고 한다. 그림 2-5는 양방향 연결 리스트의 구조를 잘 보여준다. 양방향 연결 리스트는 데이터를 삭제할 때나 리스트를 양방향으로 순회할 때 더 효율적인 연결 리스트다.

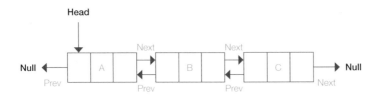

그림 2-5 양방향 연결 리스트의 구조

마지막으로 살펴볼 것은 **순환 연결 리스트**circular linked list다. 이 리스트에서 모든 노드는 원형으로 연결된다. 마지막 노드는 첫 번째 노드와 연결되므로 마지막 노드의 포인터는 널 값이 아님을 기억해두어야 한다.

순환 연결 리스트에서 노드 사이의 연결은 단방향 또는 양방향일 수 있다. 그림 2-6은 **단방향 순환 연결 리스트**를 나타낸 것이다.

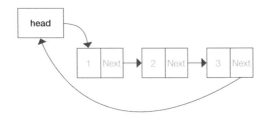

그림 2-6 단방향 순환 연결 리스트의 구조

순환 연결 리스트는 컴퓨팅 분야에서 특히 버퍼링(다양한 처리를 원활하게 실행시키려고 버퍼라는 임시 저장 공간에 데이터를 저장하는 작업)과 관련된 용도로 많이 사용된다.

스택

스택은 추가된 요소를 사용 가능한 메모리의 가장 앞 주소에 배치하는 선형 데이터 구조의 한 종류다. 스택의 동작은 같더라도 사용되는 기술이나 프로그래머가 원하는 스택 종류에 따라 다양한 방식으로 구현될 수 있다.

스택에 요소를 추가하는 동작을 **푸시**push라고 한다. 또한 스택에서 요소를 삭제할 때는 마지막으로 추가된 요소를 삭제하며, 이러한 동작을 **팝**pop이라고 한다. 스택에 마지막으로 추가된 요소를 먼저 삭제하는 스택 구조를 **후입선출**last in first out, LIFO 데이터 구조라고 한다.

그림 2-7은 스택 구조를 나타낸 것이다.

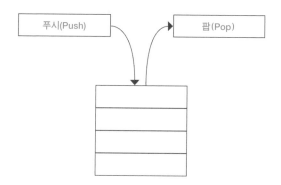

그림 2-7 스택의 구조

스택의 개념은 쉽게 시각화할 수 있지만, 데이터 구조로서 스택의 가장 큰 문제점 중 하나는 그 단순함에 있다. 스택의 최상단에서만 데이터 요소를 삭제 및 추가할 수 있는데 이는 스택에서 특정 요소를 검색하는 속도를 제한한다. 그러나 역추적이나 문자열을 반전시키는 응용 프로그램에서는 스택이 필요하다.

스택은 생성 방식에 따라 데이터 구조의 크기나 규모가 고정된 **정적**static **스택**과 실행 중에 크기를 늘릴 수 있는 **동적**dynamic **스택**으로 나눌 수 있다. 동적 스택은 크기뿐 아니라 소비하는 메모리의 양도 변한다.

정적 스택은 배열을 사용하여 설계할 수 있다. 또한 최상단 요소를 가리키는 포인터가 있는 단방향 연결 리스트를 사용하여 동적 스택을 설계할 수도 있다. 이것이 바로 스택의 동작은 같아도 다양한 방식으로 구현할 수 있다고 언급한 이유다. 스택은 함수 호출, 스케줄링, 인터럽트 메커니즘 등의 다양한 기본 컴퓨팅 프로세스에서 사용되고 있다.

큐

큐는 각 요소에 우선순위를 부여하는 데이터 구조의 한 종류다. 큐에 첫 번째 요소를 추가하면 큐 뒤쪽에 배치된다. 이렇게 큐에 요소를 추가하는 것을 **인큐**enqueue라고 한다. 큐에서 요소를 삭제할 때는 큐에 가장 오랫동안 있던 요소가 먼저 삭제된다. 큐에서 요소를 삭제하는 것을 **데큐**dequeue라고 한다.

큐에 가장 먼저 추가된 요소가 우선적으로 삭제된다는 점에서 큐를 **선입선출**first in first out, FIFO 데이터 구조라고 한다. 이는 스택의 특징인 후입선출과 대조적이다.

스택의 후입선출 구조와 큐의 선입선출 구조를 결합하면, 앞으로 이 책에서 설명할 매우 좋은 프로그램과 데이터 구조를 만들 수 있다. 참고로 여기서 설명하는 기본적인 큐는 선형 데이터 구조지만, 나중에는 비선형 데이터 구조의 큐도 소개할 것이다.

그림 2-8은 선입선출 구조의 동작을 보여준다.

그림 2-8 큐의 구조

새로운 요소는 큐 맨 뒤에 추가되고, 요소 삭제를 요청하면 큐 맨 앞쪽부터 삭제된다.

우선순위 큐

우선순위 큐는 앞에서 설명한 기본적인 큐를 확장한 것으로, **키**(값을 식별하고 검색하는 데 사용)와 **값**(실제 사용하는 데이터)의 체계를 사용해 큐의 요소들을 정렬한다. 우선순위 큐를 구현할 때는 연결 리스트나 배열과 같은 데이터 구조를 사용한다. 큐를 구현할 때 사용하는 기본 데이터 구조는 큐의 속성에 영향을 준다. 우선순위 큐에서 모든 요소는 우선순위가 있으며 이는 키에 해당한다. 우선순위가 높은 요소는 우선순위가 낮은 요소보다 큐에서 먼저 삭제된다. 만약 요소의 우선순위가 같다면 큐에 먼저 추가된 요소부터 삭제된다. 따라서 우선순위 큐는 일반적으로 요소 추가하기, 요소 삭제하기, 우선순위가 가장 높은 요소 가져오기, 큐가 가득 찼는지 확인하기 등의 메소드를 제공한다.

그림 2-9는 우선순위 큐의 구조를 나타낸 것이다.

그림 2-9 우선순위 큐의 구조

우선순위 큐는 큐 뒤쪽에 요소를 추가하고 큐 앞쪽부터 요소를 삭제한다.

우선순위 큐는 일부 알고리즘뿐만 아니라 데이터 압축, 네트워킹, 수많은 컴퓨터 과학 분야의 응용 프로그램에서도 사용된다.

마치며

2장에서는 다양한 선형 데이터 구조를 소개하며 컴퓨터 메모리, 배열, 연결 리스트, 스택, 큐의 기본 사항을 살펴보았다. 지나치게 불필요한 세부 사항에 집착하지 않으면서 간결하게 많은 내용을 다루었다. 이 기본적인 데이터 구조는 많은 응용 프로그램에서 사용된다.

3장에서는 강력한 데이터 구조인 트리를 소개한다. 확실히 트리는 가장 많이 사용되는 복잡한 데이터 구조 중 하나다. 트리를 이해하고 나면 책에서 제시하는 다른 데이터 구조와 알고리즘을 파악하는 데 전반적으로 도움이 될 것이다. 3장에서는 트리의 기본 사항을 설명한 후, 일반적으로 사용하는 몇 가지 종류의 트리 데이터 구조에 대해 살펴본다.

3 트리 데이터 구조

트리

트리 기반의 데이터 구조를 살펴보기 전에 트리가 무엇인지부터 이해해 보자. 트리는 말 그대로 나무를 뜻한다. 나무라고 하면 그림 3-1과 같이 뿌리, 줄기, 가지, 잎이 있는 거대한 식물을 떠올리게 된다.

그림 3-1 생물학적인 나무(그림 출처: freepik.com)

컴퓨팅 분야에서의 트리는 지구상 모든 나무와 흡사하다. 2장에서 살펴본 선형 데이터 구조는 데이터를 선형으로 정렬하지만, **트리 데이터 구조**는 데이터를 계층으로 정렬한다. 그림 3-2는 이러한 개념을 보여주며, 컴퓨팅 분야의 일반적인 트리 데이터 구조를 시각적으로 이해할 수 있다. 실제로 컴퓨터 과학 분야에서의 트리는 뒤집혀서 맨 위에 뿌리가 있는 나무처럼 보인다.

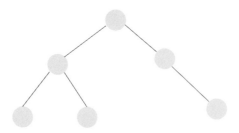

그림 3-2 컴퓨터 과학 분야에서의 트리

나무에는 땅속에서 식물을 붙잡아주는 뿌리가 있다. 뿌리가 없으면 나무가 쓰러지듯이, 식물을 바로 세우는 역할을 한다. 이와 유사하게 트리 데이터 구조에는 나무의 뿌리(트리 구조에서는 맨 위)에 해당하는 **루트 노드**root node가 있다. 트리의 나머지 요소들은 루트 노드를 기준으로 구성된다.

그림 3-3은 루트 노드를 나타낸 것이다.

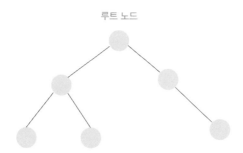

그림 3-3 루트 노드

루트 노드에서 멀어지는 방향으로 또 다른 노드가 연결되면, 해당 노드를 **하위 노드** 또는 **자식**^{child} **노드**라고 한다. 루트 노드를 향한 방향으로 또 다른 노드가 연결되면, 해당 노드를 **상위 노드** 또는 **부모**^{parent} **노드**라고 한다. 부모 노드는 여러 개의 자식 노드를 갖는다. 그림 3-4는 부모 노드와 자식 노드의 관계다.

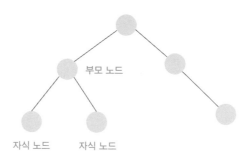

그림 3-4 부모 노드와 자식 노드

반면에 자식 노드는 여러 개의 부모 노드를 갖지 않는다. 자식 노드에 여러 개의 부모 노드가 있는 구조를 **그래프**^{graph}라고도 하며 5장에서 살펴볼 것이다.

다시 생물학적인 나무의 구조를 떠올려 보자. 뿌리는 줄기와 연결돼 있고 줄기는 가지와 연결돼 있으며 가지는 잎과 연결돼 있고 잎은 아무 데도 연결돼 있지 않다. 트리 데이터 구조에도 나뭇잎에 해당하는 노드가 있으며, 이를 **말단 노드** 또는 **리프**^{leaf} **노드**라고 한다. 더 이상 자식 노드를 갖지 않는 트리의 마지막 노드다. 그림 3-5는 리프 노드를 나타낸 것이다.

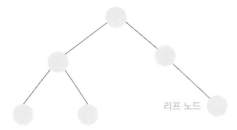

그림 3-5 리프 노드

트리에서 노드를 연결하는 선을 **에지**edge라고 하며, 노드 하나와 그 자식 노드들로 구성된 트리를 **하위 트리** 또는 **서브트리**subtree라고 한다. 그림 3-6은 이러한 개념을 보여준다(서브트리는 점선으로 구분해놓았다).

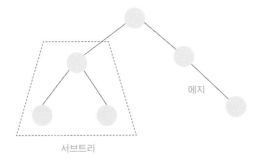

그림 3-6 서브트리와 에지

노드에는 데이터를 저장하며, 이때 저장된 데이터를 식별하는 데 사용되는 키와 저장된 데이터인 값을 포함할 수도 있다. 여기서 키와 값 사이의 관계를 **키-값**key-value **유형의 구조**라고 한다. 또한 트리를 탐색하는 과정을 **순회**traversal라고 한다.

이진 트리

이진 트리^{binary tree}는 가장 많이 사용되는 데이터 구조라고 할 수 있으며, 각 부모 노드가 항상 2개의 자식 노드와 연결되어 있어서 붙여진 이름이다. 지금껏 살펴본 그림의 트리는 실제로 이진 트리 구조였다.

그림 3-7은 이진 트리를 나타낸 것이다.

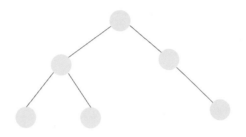

그림 3-7 이진 트리의 구조

이진 트리의 가장 일반적인 유형은 **이진 탐색 트리**^{binary search tree}다. 앞서 언급한 것처럼 트리의 노드는 키-값 구조로 이루어져 있고, 이진 탐색 트리는 노드의 키를 기준으로 정렬한 상태다.

이진 탐색 트리에서 모든 노드의 키는 왼쪽 서브트리보다 크고 오른쪽 서브트리보다 작다. 그림 3-8은 이러한 개념을 보여준다.

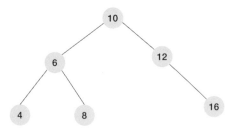

그림 3-8 이진 탐색 트리

이진 탐색 트리에서 가장 작은 키를 갖는 노드는 최상위 노드에서 가장 왼쪽에 있는 서브트리의 말단에 있고, 가장 큰 키를 갖는 노드는 최상위 노드에서 가장 오른쪽에 있는 서브트리의 말단에 있다.

그림 3-9는 이러한 개념을 명확하게 보여준다.

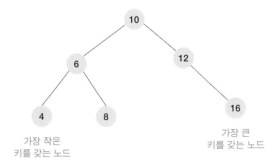

그림 3-9 가장 큰 키를 갖는 노드와 가장 작은 키를 갖는 노드

이진 탐색 트리로 할 수 있는 동작은 주로 세 가지다. 트리에 노드를 추가하는 동작, 트리에서 노드를 삭제하는 동작, 노드를 선택해 탐색하고자

하는 키가 존재하는지 확인하는 동작이다. 이진 탐색 트리는 트리 구조로 정렬된 데이터를 저장하는 데 효율적이어서 폭넓게 사용된다.

AVL 트리

어떤 이유로든 불균형 이진 트리가 있을 수 있으며, 이는 일반적으로 많은 노드가 단 하나의 자식 노드를 갖는 구조다.

그림 3-10은 불균형 트리 구조다. 이는 한 가지 예이며, 때로는 훨씬 더 길게 이어져 있기도 하다.

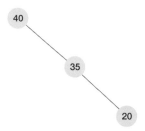

그림 3-10 불균형 이진 트리

이 문제를 해결하려면 트리의 균형을 조정하는 과정을 거쳐야 한다. 트리의 균형을 조정하는 과정은, 트리의 역할은 유지하되 가능한 한 최소 높이(자식 노드의 계층이 최소)로 만드는 것이다.

트리의 불균형을 해결하는 것은 메모리 관리를 위해 중요하다. 즉, 균형 잡힌 트리는 메모리를 더 효율적으로 사용할 수 있다.

만약 균형 잡힌 트리가 있다면 많은 데이터 구조가 더 효율적일 것(성능이 좋을 것)이다. 일부 이진 탐색 트리는 균형을 조정할 수 있다. 예를 들어 그림 3-10에서 살펴본 트리의 균형을 조정하면 그림 3-11과 같다.

그림 3-11   균형 이진 트리

이러한 트리를 **AVL**Adelson-Velsky and Landis **이진 트리**라고 한다. 서브트리 2개 사이에서 높이 차이를 감지하면 **트리 회전**tree rotation이라는 균형 조정 과정을 수행한다. 트리 회전에 의해 노드 하나는 위로 이동하고 다른 노드 하나는 아래로 이동한다. 트리가 균형을 조정하는 방법은 이 책에서 다루지 않지만, 트리의 균형과 트리의 균형을 조정하는 과정에서 알아야 할 것은 그 과정에 걸리는 시간이다. 즉, 자체적으로 균형을 조정하는 트리와 관련된 시간 복잡도가 존재한다. AVL 트리의 시간 복잡도는 O($\log n$)이다. AVL 트리는 일부 데이터베이스 검색 시스템에서 사용된다.

RB 트리

RBred-black **이진 탐색 트리**는 자체적으로 균형을 조정한다는 점에서 AVL 이진 탐색 트리와 비슷하지만, 트리의 구조 때문에 균형을 조정하는 과정에서 트리 회전수가 적어 AVL 트리보다 효율적이다. RB 트리의 시간 복잡도는 O($\log n$)이다.

RB 트리는 노드마다 빨강 또는 검정으로 해석되는 비트를 포함한다는 특징이 있다. 일반적으로 루트 노드는 검정이고, 빨강 노드는 검정 노드를 자식 노드로 갖는다.

그림 3-12는 RB 이진 트리의 예를 나타낸 것이다.

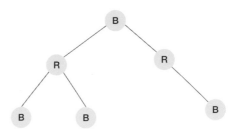

그림 3-12 RB 트리

B 트리

B 트리는 컴퓨터 과학자들이 데이터베이스 시스템을 설계할 때 사용하는 데이터 구조로, 자체적인 균형 조정 기능을 갖춘 트리 유형이다. 그러나 앞에서 소개한 이진 탐색 트리와 달리 B 트리에는 자식 노드 3개 이상을 갖는 부모 노드가 있다.

예를 들어 그림 3-13은 부모 노드 2개에 자식 노드 3개가 있는 트리 구조다. 이러한 데이터 구조를 B 트리라고 한다.

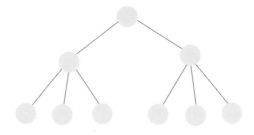

그림 3-13 B 트리

많은 파일 시스템에서 데이터 계층 구조로 B 트리를 사용한다. 예를 들어 파일 시스템에는 폴더가 있고, 노드의 키-값 구조를 통해 폴더 각각의 이름을 파일 시스템의 객체와 연결할 수 있다. 그리고 폴더 각각에는 여러 파일이 들어 있는 다른 폴더가 존재할 수 있다. B 트리는 이러한 예에 적용하는 데 이상적인 데이터 구조다.

힙

힙은 트리 기반 데이터 구조이며 실제 프로그래밍에서 자주 사용하므로 잘 알아야 한다. 힙은 이진 트리 데이터 구조의 한 종류이며, 값이 최대 혹은 최소인 노드에 빠르게 접근해야 하는 응용 프로그램에 적합하다.

2장에서 살펴본 우선순위 큐는 힙을 사용해서 구현할 수 있으며, 힙의 구조를 설계하는 방법에는 두 가지가 있다. 첫 번째로 루트 노드가 힙에서 가장 큰 값이고 노드 각각의 값이 부모 노드의 값보다 작거나 같도록 구성된 힙을 **최대 힙**(max heap)이라고 한다.

그림 3-14는 최대 힙을 보여주는 예다.

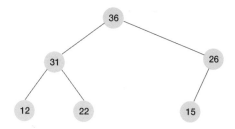

그림 3-14 　최대 힙

두 번째로 루트 노드가 힙에서 가장 작은 값이고 노드 각각의 값이 부모 노드의 값보다 크거나 같도록 구성된 힙을 **최소 힙** min heap 이라고 한다.

그림 3-15는 최소 힙을 보여주는 예다.

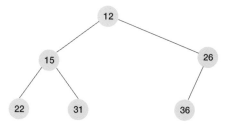

그림 3-15 　최소 힙

최소 힙이나 최대 힙을 적용한 응용 프로그램에서 이들의 성능을 대체할 수 있는 다른 데이터 구조는 없다. 설계하는 알고리즘에 적합한 데이터 구조를 결정하는 것은 응용 프로그램 설계자나 프로그래머의 몫이다.

참고로 힙 데이터 구조는 **힙 메모리** heap memory 와 전혀 다른 개념이라는 것을 알아야 한다. 실제로 힙 메모리는 프로그래머가 직접 관리해야 하는 메모리의 영역을 뜻한다. 프로그래머가 작성한 코드에 따라 메모리 공간을 동적으로 할당하거나 해제하는 부분이기도 하다. 즉, 힙 데이터 구조와 아주 다른 방식으로 구현된다는 것을 바로 알 수 있을 것이다. 힙을 학습하는 많은 프로그래머가 헷갈리는 점이므로 확실히 구분해둘 필요가 있다.

마치며

3장에서는 이진 탐색 트리, AVL 트리, RB 트리, B 트리, 힙 등의 트리 기반 데이터 구조를 살펴보았다. 4장에서는 또 다른 중요한 데이터 구조인 해시 기반 데이터 구조를 살펴본다.

4 해시 데이터 구조

3장에서는 트리 데이터 구조를 살펴보았다. 트리 데이터 구조는 컴퓨터 과학에서 여러 가지 복잡한 주제를 이해하는 데 중요하며 앞으로 종종 사용할 것이다.

4장에서는 트리 데이터 구조 못지않게 중요한 데이터 구조를 살펴본다. 그것은 바로 해시 함수를 사용하여 동작하는 해시 테이블이다. 특히 컴퓨터 보안의 암호화와 체크섬은 해싱에 크게 의존한다.

지금부터 해시, 해시 함수, 해시 테이블에 대한 기본 지식을 설명한다.

해시와 해시 함수

해시 데이터 구조를 설명하기 전에 해시가 무엇인지부터 알아보자. **해시**는 어떤 길이의 임의 데이터를 고정 길이의 데이터로 매핑하는 것이다. 해시 함수는 이 해시를 실행하려고 하나의 값을 다른 값으로 변환하는 상자를 뜻한다. 함수는 1장에서 언급했으므로 자세한 설명은 1장을 참조하기 바란다.

해시 함수를 쉽게 이해하려면 해시 함수의 동작을 단계적으로 살펴보는 것이 좋다. 예를 들어 그림 4-1과 같이 상자 모양의 함수를 상상하고 이 상자에 문자 A를 입력해보자. 이때 상자 안에서 어떤 일이 발생하는지는 생각할 필요 없다.

그림 4-1   함수

상자 안에는 특별한 장치가 있어서 문자 A를 입력할 때마다 숫자 1이 출력된다. 이것이 해시 함수의 역할이며 데이터를 입력하면 **해시값**hash value 을 출력한다.

이제 그림 4-2와 같이 상자의 이름을 해시 함수로 바꿔보자.

그림 4-2   해시 함수

이 함수는 이전과 같이 문자 A를 입력하면 하나의 값을 출력한다. 다만 데이터를 입력하면 숫자 1 대신 일련의 16진수를 출력한다는 점이 다르다. 이것이 가장 일반적으로 볼 수 있는 해시 함수의 동작 방식이다.

해시 함수의 특징은 입력되는 데이터가 문자든 문자열이든 기호든 출력되는 해시값의 길이가 항상 고정되어 있다는 것이다.

또한 해시 함수는 일반 함수와 다르다. 수학에서의 일반 함수는 정의역 요소 하나를 정확히 치역 요소 하나에 대응시킨다. 하지만 해시 함수는 서로 다른 입력 2개가 같은 해시값을 생성할 가능성도 조금 있다. 이때는 **해시 충돌**이 발생한다.

다만 해시 함수는 입력 데이터의 비트 하나만 달라져도 출력되는 해시값이 상상할 수 없을 정도로 달라지므로 해시 충돌은 흔치 않은 일이다.

해시 함수가 잘 정의되었으면 내부 연산이 빠르고 충돌 발생이 적다. 실제 개발 환경에는 프로그래머를 위해 설계된 여러 해시 함수를 볼 수 있다.

해시 테이블

해시 함수의 동작을 이해했다면 해시 테이블 데이터 구조를 이해할 수 있다. **해시 테이블**hash table은 그 이름에서 알 수 있듯이 해싱(해시 테이블을 이용하는 탐색)할 때 사용하며, 이때 해시 함수는 해시 테이블 데이터 구조에서 중요한 부분이다.

해시 테이블을 한 문장으로 간단히 설명하면 다음과 같다.

해시 테이블은 키와 값으로 구성된 검색 시스템이다.

즉, 해시 테이블에는 모든 키에 대응하는 값이 있다. 이러한 데이터 구성은 검색 수행 속도를 크게 증가시킨다.

각 키는 값 하나와 연결되어 있으므로 키를 알면 연결된 값을 즉시 찾을 수 있다. 해시 테이블에서 요소를 검색할 때의 시간 복잡도가 O(1)이라는 뜻이다. 이는 해시 테이블의 장점이며, 값을 찾을 때 대부분 즉시 결과를 얻을 수 있어 프로그램 사용자의 만족도가 높다.

해시 테이블은 해시 함수를 사용해 검색을 수행한다. 보통 문자열인 키를 해시 함수에 입력하면, 저장을 위한 데이터 구조(기본적으로 배열)의 인덱스에 매핑된 해시값이 생성된다. 즉, 생성된 해시값을 사용하면 테이블에서 검색이나 추가하려는 요소가 저장된 배열의 인덱스를 계산할 수 있다.

설명이 조금 헷갈린다면 그림 4-3을 살펴보자.

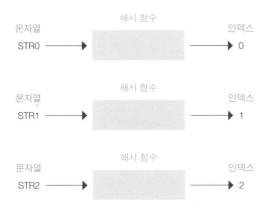

그림 4-3 해시 함수

3개의 문자열 STR0, STR1, STR2가 있고, 해시 함수는 각 문자열을 입력받아 배열의 인덱스에 매핑한다.

각 문자열을 해시 함수에 입력하여 인덱스와 키-값을 생성해 완성된 해시 테이블은 그림 4-4와 같다.

그림 4-4 해시 테이블

이 방식은 효율적이지만 커다란 단점이 있다. 해시값과 배열 크기 때문에 해시 충돌이 발생할 수 있다는 것이다. 이와 같은 해시 충돌의 발생을 방지하기 위해 **체이닝**chaining이라는 방식으로 해시 테이블을 구현한다.

체이닝은 요소를 단순한 배열이 아닌 연결 리스트인 배열에 저장하는 획기적인 방식이다. 그림 4-5와 같이 배열의 각 요소가 연결 리스트이다.

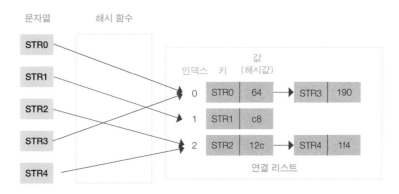

그림 4-5 체이닝

테이블의 각 인덱스에 할당된 것은 값이 아니라 키와 값을 가진 연결 리스트다. 즉, 해시 함수가 여러 요소에 대해 똑같은 인덱스를 반환하면, 해시값과 해당 요소들을 함께 '연결'하여 해시 테이블의 같은 인덱스에 저장한다. 그림에서 인덱스 0과 인덱스 2의 요소는 여러 개의 노드로 이루어진 연결 리스트다.

이 구조는 해시 충돌을 해결하는 데 도움이 된다. 연결 리스트 형태로 키와 값을 저장하면 어떤 인덱스의 검색을 요청했을 때 에러를 발생시키지 않고 연결 리스트를 검색해서 원하는 데이터를 찾을 수 있기 때문이다.

단, 체이닝을 사용하면 연결 리스트가 길어졌을 때 해시 테이블 검색의 시간 복잡도가 증가할 가능성이 있다.

컴퓨터 보안 기초

해싱은 컴퓨터 보안 영역에서 주로 사용된다. 해싱이 보안 영역의 어디에 적합한지 정확히 이해하려면 먼저 컴퓨터 보안의 기본을 이해하는 것이 중요하다. 지금부터 간략하게 살펴보자.

컴퓨터 네트워킹은 컴퓨터가 자원을 공유할 수 있도록 하는 컴퓨팅 분야의 주요 부분이다. 데이터와 정보의 교환은 세계화를 실현한다. 예를 들어 사람들은 인터넷, 이메일, 웹을 통해 전 세계 사람들과 일하거나 공부를 하고 관계를 형성하는데, 이는 컴퓨터 네트워킹 덕분이다.

그런데 정보 교환의 현장에는 공유한 정보가 범죄자의 손에 들어가 제3자가 본인 외의 다른 사람인 것처럼 행세할 수 있다. 예를 들어 인터넷 뱅킹을 할 때 사용하는 계정과 비밀번호가 타인에게 유출되어 누군가 통장의 돈을 옮기는 경우가 있다. 이런 상황을 원하거나 반기는 사람은 없다.

컴퓨터 보안 분야에서는 누군가 다른 사람으로 행세하여 정보를 탈취하는 것을 **스푸핑**spoofing이라고 한다. 스푸핑을 포함하여 정보 교환을 어지럽히는 행위를 방지하기 위해 암호화를 사용한다. 이 암호화의 대표적인 예로 디지털 서명이 있으며 이때 해시의 개념을 활용한다.

그럼 컴퓨터 보안과 해시의 관계를 살펴보기 전에 컴퓨터 보안의 주요 부분인 암호 시스템부터 살펴보자.

암호 시스템

컴퓨터 보안의 **암호 시스템**은 **평문**plaintext 입력을 **암호문**ciphertext 출력으로 변환하는 일련의 알고리즘이다. 평문을 암호문으로 변환하는 것을 **암호화**encryption라고 하며, 암호문을 평문으로 변환하는 것을 **복호화**decryption라고 한다.

암호 시스템은 **키**key라는 것을 사용하여 암호화 알고리즘을 보조한다. **대칭 키**symmetric key **암호 시스템**은 암호화 및 복호화에 같은 키를 사용한다. 데이터를 보내는 사람은 키를 사용하여 데이터를 암호화한다. 이 키는 데이터를 암호문으로 변환한다. 데이터를 받는 사람은 같은 키를 사용하여 암호문을 복호화하고 원래의 데이터를 얻는다.

대칭 키 방식은 안전해 보이지만 큰 문제가 있다. 기본적으로는 제3자가 암호화된 메시지를 가로채더라도 키가 없으면 메시지를 복호화할 수 없다. 하지만 네트워크를 통해 한쪽에서 다른 쪽으로 키를 전송할 때 제3자가 키를 가로챈다면, 키를 얻은 제3자는 메시지를 복호화할 수 있다.

이러한 키 분배 문제는 대칭 키 암호 시스템의 주요 결함을 부각시킨다. 이 문제를 해결하기 위해 공개 키 암호 시스템이 개발되었다.

공개 키 암호 시스템

공개 키 암호 시스템은 암호화 및 복호화에 서로 다른 키를 사용한다. 암호화에 사용하는 키를 **공개 키**(public key)라고 하며, 복호화에 사용하는 키를 **비밀 키**(secret key)라고 한다. 데이터를 보내는 사람이 데이터와 공개 키를 함께 전송하면, 공개 키로는 데이터를 암호화만 할 수 있고 복호화는 할 수 없어서 공유키 암호 시스템과 같은 문제가 발생하지 않는다.

해싱 vs 암호화

이쯤 되면 해싱이 컴퓨터 보안 및 암호 시스템에 어떻게 사용되는지 궁금할 것이다. 이는 해싱과 암호화를 구분해서 살펴보면 알 수 있다.

암호화는 정보를 뒤죽박죽 섞어 읽을 수 없게 만든 후 키가 있는 사람만이 정보를 사용할 수 있게 하는 과정이다. 이 과정에서는 암호화 알고리즘을 사용해 정보를 암호화 및 복호화하는 것을 전제로 한다. 즉, 암호화는 정보를 암호화하고 암호화된 정보를 복구하는 것 모두를 포함한다.

반면에 해싱은 데이터를 입력으로 받아 고정 길이의 출력을 생성하며, 이후에는 원래의 데이터가 필요하지 않다. 양방향 과정인 암호화와 달리 해싱은 단방향 과정이다.

간단한 내용이지만 이를 꼭 숙지하고 해싱과 암호화를 헷갈리지 않아야 한다.

컴퓨터 보안에서 해시의 역할

컴퓨터 보안에서 해시는 디지털 서명이나 사용자 인증 등 여러 가지 용도로 사용된다. 가장 먼저 눈에 띄는 해시의 역할은 디지털 서명이다. 디지털 서명은 디지털 데이터의 유효성을 검증하는 데 사용된다. 즉, 수신된 데이터가 누구에게서 왔는지를 확인하는 방법이다. 이를 위해 데이터는 개인키 소유자의 서명을 포함해야 한다.

일반적으로 사용하는 디지털 서명 방식은 **RSA**^{Rivest-Shamir-Adleman} 와 **DSA**^{digital signature algorithm}이다. RSA는 디지털 서명과 암호화에 모두 사용할 수 있지만, DSA는 디지털 서명의 생성 및 검증에만 사용할 수 있고 암호화에는 사용할 수 없다. 두 방식 모두 디지털 서명의 보안을 보장하기 위해 해시를 사용한다. RSA 방식의 디지털 서명 과정에서는 암호화하기 전의 데이터에 해시 함수를 사용한다. DSA 방식의 디지털 서명 과정에서는 **SHA**^{secure hash algorithm} **기반의 암호화 해시 함수**를 사용한다.

해시는 비밀번호 응용 프로그램 등의 사용자 인증에도 사용할 수 있다. 단방향의 1대1 함수이므로 비밀번호를 사용하는 보안에 적합하기 때문이다.

예를 들어 로그인 양식에 비밀번호를 입력하면 응용 프로그램의 데이터베이스에 저장된 비밀번호와 비교하는 과정을 거친다. 만약 보안이 무너

져서 누군가 데이터베이스에 접근할 수 있고, 비밀번호가 평문 그대로 저장되어 있다면 악의적인 해커가 모든 비밀번호를 볼 수 있다.

반면에 해시를 사용하여 비밀번호를 보관하면 보안이 무너지더라도 비밀번호를 안전하게 지킬 수 있다. 사용자가 비밀번호를 생성한 시점부터 데이터베이스에 저장되는 것은 평문 그대로가 아닌 해시 함수의 출력인 해시값이기 때문에 사용자는 비밀번호가 무슨 값으로 저장되어 있는지 알지 못한다.

컴퓨터 보안 분야에서는 이 외에도 난수 생성, 메시지 인증 코드message authentication code, MAC, 단방향 함수, 암호 기술자 전용 응용 프로그램 등에 해시를 사용한다.

해시와 순환 중복 검사

사물 인터넷Internet of Things, IoT 시대가 도래하면서 마이크로컨트롤러를 내장한 임베디드 시스템을 곳곳에서 마주칠 수 있다. 마이크로컨트롤러 시스템에는 해싱을 사용하여 동작하는 **순환 중복 검사**cyclic redundancy check, CRC 모듈이 있다.

CRC는 디지털 데이터의 오류를 감지하는 방식으로, 해시 함수의 원리를 사용하여 데이터의 유효성을 검증한다. 보통 해시 함수를 통해 고정된 비트 수의 체크섬을 찾아 발신할 데이터에 첨부하는 방식으로 동작한다. 수신자는 전송된 데이터를 가지고 다항식 나눗셈의 나머지를 계산해 데이터의 오류를 확인한다.

수신 데이터의 CRC가 발신 데이터의 CRC와 일치하지 않는다면 데이터가 손상되었을 가능성이 크다. 이때 프로그래머는 해당 데이터를 무시하거나 발신자가 데이터를 재전송하도록 응용 프로그램을 설계할 수 있다.

참고로 CRC 모듈은 이더넷과 와이파이를 통해 디지털 데이터를 전송하는 임베디드 시스템에서 널리 사용되고 있다.

해시의 다른 용도

검색 엔진, 컴파일러, 데이터베이스 등은 많은 양의 복잡한 검색 연산을 수행해야 한다. 이러한 검색 연산에는 많은 시간이 필요하며 소요 시간이 성능에 큰 영향을 주기 때문에 연결 리스트와 같은 일반적인 데이터 구조로는 검색 연산을 보조할 수 없다.

즉, 일정한 시간 내에 수행될 연산이 필요할 때 해시 테이블의 시간 복잡도는 앞서 언급한 것처럼 $O(1)$이다. 이처럼 많은 양의 복잡한 검색 연산을 수행하는 응용 프로그램에는 최대한 처리 시간이 빠르도록 설계하는 것이 적합하다. 이는 해시를 적용하기 좋은 조건이다.

마치며

4장에서는 해싱, 해시 함수, 해시 테이블의 기본 사항을 살펴보았다. 5장에서는 인공지능의 주요 개념인 그래프를 살펴본다. 인공지능 분야에서는 그래프와 그래프 탐색 알고리즘을 사용하여 문제를 해결한다. 4장에서 다룬 주제 가운데 특히 컴퓨터 보안에 흥미가 있고 더 많은 정보가 필요하다면 토니 캠벨^{Tony Campbell}의 『Practical Information Security Management』(Apress, 2016)을 추천한다. 물론 웹을 통해서도 관심 주제에 대한 정보를 확인할 수 있다.

5 그래프

4장에서는 해시, 해싱, 해시 테이블에 관해 설명했다. 5장에서는 2부에서 설명할 알고리즘의 동작을 이해하는 데 필요한 수학적 개념인 그래프 이론을 소개한다.

그래프 이론은 복잡하지만, 세부 사항에 얽매이지 않고 넓은 시야로 접근하면 어렵지 않게 이해할 수 있다. 또한 그래프는 컴퓨터 과학의 많은 영역에서 필수적이며, 그래프가 어떻게 동작하는지 이해하면 이를 적용하여 다양한 문제를 해결할 수 있다.

수학의 달인이 아닌 이상 5장에서 제시하는 기본 개념만 이해해도 도움이 될 것이다.

차원, 점, 선

그래프 이론을 알아보기 전에 차원, 점, 선이라는 세 가지 중요한 수학 개념을 살펴보자. 고등학교에서 수학을 배운 분이면 이미 알고 있겠지만, 컴퓨터 과학의 그래프를 이해하는 데 필수적인 기본 개념이기에 복습한다고 생각하기 바란다.

점과 선을 설명하는 최고의 방법은 차원 관점으로 접근하는 것이다. 수학에서 말하는 차원은 주로 한 방향으로의 거리를 뜻한다. 이 거리는 길이나 너비 또는 높이일 수 있다.

기하학적 형상에는 여러 차원이 있으며 가장 일반적인 것은 2차원과 3차원이다. 2차원 형상에는 길이와 너비의 차원이 있고 3차원 형상에는 길이, 너비, 높이의 세 가지 차원이 있다. 이를 기억하고 학습을 이어나가자.

점은 차원이 없고 위치만 갖는 특이한 개념이다. 차원이 한 방향으로의 거리라는 것을 기억하면 이해하기 쉽다. 어쨌든 점은 시작 위치라고 생각하자. 점의 위치를 표현하려면 말 그대로 해당 위치에 점을 찍으면 된다. 그림 5-1은 하나의 점을 보여준다.

그림 5-1 점

점은 차원이 없지만 선은 하나의 차원을 갖는다. **선**은 한 방향으로 이동한 점이라고 할 수 있다. 그림 5-2는 선을 나타낸다.

그림 5-2 선

2개의 선이 만나면 **정점**vertex이 생긴다. 그림 5-3에서 2개의 선이 만나는 점이 정점이다.

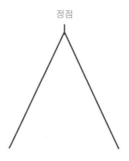

정점

그림 5-3 정점

이 같은 기본적인 기하학 지식은 앞으로 살펴볼 복잡한 내용을 이해하는 기반이 된다.

그래프

그래프는 사물을 연결하는 기본 개념에서 탄생했으며 노드 사이의 연결을 보여준다.

컴퓨터는 대부분 다른 컴퓨터와 연결되어 있다. 실제로 컴퓨터 네트워킹이란 여러 컴퓨터를 연결하는 것이다. 그래서 그래프는 컴퓨터(객체) 사이의 관계를 시각적으로 확인할 수 있는 주요 수단이다.

한편 그래프는 컴퓨터 과학과 수학의 관계를 확인할 수 있는 중간 영역 개념이기도 하다. 수학에서 파생된 **그래프 이론**graph theory은 컴퓨터 과학의 많은 응용 분야에 적용되고 있다.

그래프 vs 트리

4장에서 학습한 트리와 비교하면서 그래프를 이해해보자. 그래프는 루트 노드가 없는 트리처럼 보이며, 부모 노드 또는 자식 노드로 식별할 수 있는 노드를 찾을 수 없다. 또한 각 자식 노드가 여러 개의 부모 노드를 갖는 혼잡한 트리처럼 보이기도 한다.

그림 5-4는 트리 데이터 구조를 나타낸다.

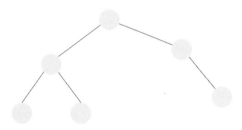

그림 5-4   트리 데이터 구조

그림 5-5는 그래프의 데이터 구조를 나타낸다.

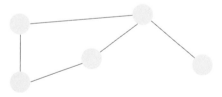

그림 5-5   그래프 데이터 구조

매우 구조화된 트리와 달리 그래프는 현실 세계에 존재하는 연결 관계를 더 잘 표현한다. 현실 세계의 생물 및 무생물은 서로 다양하게 상호 작용을 하며, 그래프는 이러한 관계를 보다 정확하게 표현하고 모형화할 수 있다.

일부 프로그래머는 트리를 일종의 최소화된 그래프로 여긴다. 왜냐하면 그래프에서 동작하는 대부분의 알고리즘이 트리에서도 동작하고, 트리는 기본적으로 순환이나 순환적인 상호 작용이 없는 그래프와 같기 때문이다.

무향 그래프와 유향 그래프

그래프의 노드를 보통 **객체**object 또는 **정점**vertex이라고 하며, 정점들을 연결하는 선을 **에지**edge라고 한다. 에지로 연결된 정점들은 서로 인접한adjacent 상태다.

에지는 노드 하나에서 다른 노드로 방향성을 가질 수 있다. 이러한 에지를 가진 그래프를 **유향 그래프**directed graph라고 한다.

유향 그래프는 에지에 화살표가 붙어 있어서 쉽게 식별할 수 있으며 유향 그래프에서 정점을 연결하는 에지는 각각 하나의 방향을 갖는다. 이러한 에지를 **유향 에지**directed edge 또는 **화살표**arrow라고 한다. 유향 그래프를 **다이그래프**digraph라고 부르기도 한다.

그림 5-6은 유향 그래프를 나타낸 것이다.

그림 5-6 유향 그래프

반대로 방향성이 없는 에지를 가진 그래프를 **무향 그래프**undirected graph라고
한다. 방향성을 가진 에지가 없으므로 노드 양쪽으로 에지를 타고 이동
할 수 있다. 그림 5-7은 무향 그래프다.

그림 5-7 무향 그래프

즉, 그래프의 정점 하나에서 다른 정점으로 이동하려면 에지를 따라가게
되는데 이를 **경로**path라고 한다. 그리고 에지가 정점 하나에서 시작하여
다시 해당 정점으로 이어지는 형태를 **루프**loop라고 한다. 루프에서는 첫
정점과 마지막 정점이 일치한다.

어떤 그래프가 더 큰 그래프의 일부라면 해당 그래프를 **하위 그래프** 또는
서브그래프subgraph라고 한다.

그래프는 기본적으로 다수의 원(노드)이 다수의 선(에지)으로 연결된 형태이므로 객체(노드) 사이의 관계를 볼 수 있다는 점에서 편리하다. 이러한 그래프의 속성은 다양한 경우에 유용하며, 많은 탐색 기반 알고리즘이 그래프에 의존한다.

가중치 그래프

앞서 살펴본 바와 같이 다수의 원이 다수의 선으로 연결된 것을 그래프라고 하며 에지는 그래프의 노드들을 연결하는 역할을 한다.

에지는 가중치를 가질 수 있다. 이는 그래프에서 에지 각각에 어떤 의미가 부여된 값이 있다는 뜻이다. 이렇게 에지가 가중치를 갖는 그래프를 **가중치 그래프**weighted graph라고 한다.

그림 5-8은 가중치 그래프의 예다. 참고로 이 그림과 같은 형태를 **무향 가중치 그래프**라고 한다.

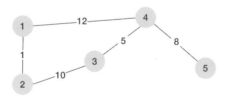

그림 5-8　무향 가중치 그래프

물론 가중치 그래프의 에지가 방향성을 갖는 **유향 가중치 그래프**도 있다.

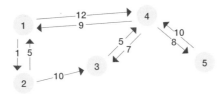

그림 5-9 유향 가중치 그래프

컴퓨터 과학의 여러 응용 분야에서 가중치 그래프를 볼 수 있으며 여러 알고리즘이 가중치 그래프에 의존한다.

그래프와 소셜 네트워크 서비스

지금까지 다룬 내용이 지루하게 느껴진 사람도 있을 것이다. 이제 현실 세계로 눈을 돌려 소셜 네트워크 서비스 social network service, SNS 로 설계된 프로그램에서 그래프가 얼마나 중요한 역할을 하는지 알아보자.

SNS에서는 누구든지 프로필을 갖게 된다. 그리고 프로필에는 거주지, 나이, 사진, 출신 학교 등의 개인 정보가 포함된다. 사람 1명의 프로필은 그래프에서 노드 하나라고 생각할 수 있다.

'태오'라는 사람을 예로 들어보자. '태오'는 그림 5-10과 같이 노드 하나로 나타낼 수 있다.

그림 5-10 '태오' 노드

'태오' 외에도 많은 사람이 SNS를 사용할 것이다. '태오'가 같은 초등학교에 다녔던 '선우'와 SNS에서 서로 친구가 되었다고 가정해보자. 이들의 관계는 그림 5-11과 같이 그래프에서 서로 연결된 노드로 나타낼 수 있다.

그림 5-11 　'태오' 노드와 '선우' 노드의 관계

'선우'가 '민서'와 친구가 되면 그림 5-12와 같이 '민서' 노드가 그래프에 추가된다.

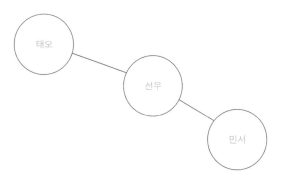

그림 5-12 　친구 관계 확장

'선우'는 회사 모임에서 '다경'을 알게 되고 '태오'는 식사 모임에서 '다경'을 알게 되어 SNS에서 서로 친구가 되었다고 가정해보자. 지금까지 완성된 그래프는 그림 5-13과 같을 것이다.

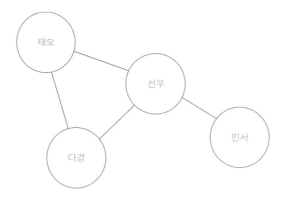

그림 5-13 계속된 친구 관계 확장

실제로 SNS 프로그램을 설계할 때는 이러한 그래프를 변형하여 사용한다.

그래프 데이터베이스

그래프와 그래프 이론이 적용된 또 다른 예는 **그래프 데이터베이스** 설계와 메커니즘이다.

데이터를 저장할 경우 파일 시스템을 사용할지 데이터베이스 관리 시스템을 사용할지 선택할 수 있다. 파일 시스템에 데이터를 저장할 경우 다음과 같은 단점이 있다.

- 연산 실행이 제한적이다.
- 데이터 형식이 제각각이다.
- 데이터 중복이 발생한다.
- 보안이 허술하다.

이러한 파일 시스템의 단점을 해결하기 위해 **관계형 데이터베이스 관리 시스템**relational database management system, RDBMS이 등장했다. RDBMS는 행과 열로 구성된 테이블에 데이터를 저장하여 파일 시스템의 결함을 개선한다. 또한 RDBMS에는 데이터베이스의 테이블 속성과 저장되는 데이터를 설명하는 **스키마**가 있다. 이 스키마를 잘 활용하면 데이터베이스를 설계하는 명세서, 관리할 때의 조건, 외부 접근 및 보안 정책 등을 수립하는 데 유용하다.

또한 RDBMS가 유용한 이유 중 하나는 **키 시스템**이 있기 때문이다. 데이터베이스의 키는 조건을 만족하는 데이터를 찾거나 정렬할 때 기준이 되는 속성을 담은 것이다. 그중 데이터를 식별하는 속성이 담겨 널 값이면 안 되는 **기본 키**와, 다른 테이블과의 관계를 참조하는 속성 정보를 담은 **외래 키**의 개념은 꼭 기억하자. 보통 기본 키 하나를 갖는 테이블 각각은 다른 테이블과 관계를 맺을 수 있고, 테이블 사이의 관계는 외래 키를 사용하여 나타낸다.

RDBMS는 데이터베이스가 확장될 때 문제가 발생한다. 연결된 테이블 사이의 일부 연산은 컴퓨터의 많은 자원을 필요로 하며 시스템에 부하를 가한다. 이때 그래프 데이터 구조로 설계된 그래프 데이터베이스는 RDBMS가 지닌 많은 문제를 개선한다.

이를 구체적으로 설명하면 다음과 같다. 보통 RDBMS는 어떤 표 형태의 테이블을 중심으로 데이터를 구성한다. 그리고 그래프 데이터베이스는 '그래프와 소셜 네트워크 서비스'에서 설명한 소셜 네트워크 서비스의 친구 맺기와 같은 개념으로 데이터를 구성한다.

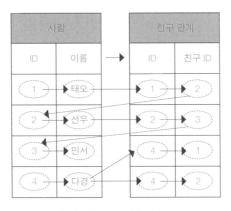

관계형 데이터베이스 시스템

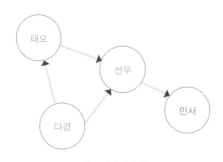

그래프 데이터베이스

그림 5-14 RDBMS와 그래프 데이터베이스의 비교

이때 RDBMS의 데이터 검색은 여러 데이터베이스를 연결해서 검색하는
조인[join]을 사용하는데 테이블 사이의 조인이 너무 많으면 테이블을 거쳐
데이터에 접근하는 과정이 반복되므로 데이터베이스를 검색하는 속도에
문제가 발생한다. 그러나 그래프 데이터베이스는 보통 데이터 사이의 관
계가 복잡하지만 테이블이 아닌 데이터 중심으로 직접 연결되는 구성이
므로 데이터베이스의 검색 속도가 상대적으로 빠르다.

최근 빅데이터 등이 등장하면서 그래프 데이터베이스는 RDBMS의 문제를 개선하는 방법으로 주목받고 있다.

그래프 데이터베이스는 기능에 따라 다양한 종류가 있다. 그래프 데이터베이스에 관한 더 자세한 정보가 필요하다면 그레고리 조단[Gregory Jordan]의 『Practical Neo4j』(Apress, 2014)를 추천한다.

마치며

5장에서는 차원, 점, 선과 같은 기본 사항을 확인한 후 가중치 그래프를 포함한 여러 그래프에 대해 설명했다. 그리고 그래프를 응용한 SNS와 데이터베이스를 간략하게 살펴보았다.

6장에서는 선형 및 이진 탐색을 다루며 알고리즘에 대한 학습을 시작한다.

Part 2

알고리즘

2부에서는 프로그래밍을 처음 배운 후 꼭 알아둬야 할 여러 가지 알고리즘을 소개한다. 먼저 선형 및 이진 탐색의 개념을 익힌 후 10개의 다양한 정렬 알고리즘을 살펴본다. 정렬 알고리즘은 이 책에서 소개하는 것 이외에도 다양한 정의가 가능할 수 있으므로 다른 자료도 참고해보는 것이 좋다. 이후에는 경로를 탐색하는 알고리즘 4개를 살펴보고, 마지막으로 최근 주목받고 있는 머신러닝이나 딥러닝과 관련된 군집화 알고리즘을 살펴본다.

6   선형 및 이진 탐색

지금까지 데이터 구조에 관해 설명했다. 아주 자세히 들여다본 것은 아니지만 적어도 주요 데이터 구조들의 필요성과 용도를 파악할 정도의 지식은 충분히 전달했으므로 문제를 해결하는 데 적용할 수 있을 것이다. 지금부터는 데이터 구조에 이어 알고리즘 학습을 시작해본다.

이 장의 전반부에서는 알고리즘에 관한 설명을 시작하기 전에 유념해야 할 몇 가지 수학적 개념을 설명한다. 이러한 수학적 개념은 이후 등장하는 알고리즘을 이해하기 위한 기초가 된다. 그 이후에는 이러한 수학적 개념과 연계된 탐색 방법 두 가지를 설명한다.

선형 탐색

탐색은 알고리즘에서 중요한 역할을 담당하며, 많은 알고리즘이 다양한 데이터 구조에 대해 가능한 한 빠른 검색을 지향하도록 설계되어 있다.

이 절에서는 이러한 탐색 알고리즘 중 하나인 선형 탐색의 기반이 되는 선형성과 선형 탐색의 원리를 살펴본다.

선형성

알고리즘을 본격적으로 설명하기 전에 선형성의 개념부터 확인해보자. 선형성의 '선'은 그림 6-1과 같이 여러분이 흔히 알고 있는 선을 뜻한다.

그림 6-1 선

그리고 수학에서 무언가가 **선형성**이 있다고 하면, 그래프에서 직선으로 나타낼 수 있다는 의미다. 그림 6-2는 선형 그래프이다.

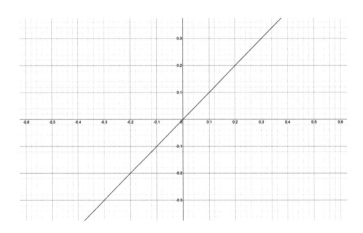

그림 6-2 선형 그래프

사실 중학교 수학을 배운 분이라면 이러한 선형성의 원리는 익숙할 것이다. 여기서 중요한 점은 그래프에 있는 직선을 축 2개의 숫자 쌍으로 나타낸다는 것이다. 이것이 선형 탐색의 기반이 된다.

선형 탐색의 원리

무언가를 찾는 것은 우리에게 일상적인 일이다. 1부터 10까지의 숫자를 요소로 갖는 배열을 가정해보자.

1	2	3	4	5	6	7	8	9	10

여기서 숫자 7을 찾으려면 어떻게 해야 할까? 사람이라면 배열을 살펴보고 숫자 7을 찾은 다음 그것이 인덱스 6(프로그래밍에서는 인덱스 숫자가 0부터 시작한다)에 있다는 것을 쉽게 알 수 있다.

하지만 컴퓨터의 경우에는 숫자 7을 찾기 위한 알고리즘을 고안해야 한다. 이 알고리즘은 다음과 같을 수 있다.

① 숫자 7을 저장할 변수를 마련한다.

② 배열 탐색을 시작한다.

③ 배열의 각 요소를 숫자 7이 저장된 변수와 비교한다.

④ 변수와 배열의 요소가 일치하면 숫자를 찾은 것이다.

⑤ 찾은 숫자의 인덱스를 반환한다.

이 알고리즘은 단지 다섯 단계만으로 원하는 숫자의 인덱스를 찾을 수 있는 좋은 방법처럼 보인다. 하지만 0에서 10,000까지의 숫자를 요소로 갖는 배열에서 숫자 10,000을 찾는 상황이라면 탐색에 걸리는 시간이 크게 증가할 것이다. 실제로 배열의 요소가 많을수록 탐색에 걸리는 시간이 증가한다. 0부터 10,000,000,000까지의 숫자 중에서 9,999,999,999를 찾는 상황이라면 알고리즘이 무의미하게 느껴질 것이다.

이러한 유형의 알고리즘을 **선형 알고리즘**(linear algorithm)이라 한다. 선형 알고리즘의 실행 시간은 요소 개수 증가에 정비례하여 증가하므로 시간 복잡도는 $O(n)$이다. 즉, 시간 복잡도의 원리와 앞서 언급한 선형성의 개념을 떠올려보면 이러한 알고리즘이 데이터쌍(인덱스와 이에 매칭되는 값)을 이용해 선형적으로 요소를 탐색하는 방법임을 알 수 있다.

선형 탐색은 결과를 얻기 위해 배열의 모든 요소를 살펴봐야 하므로 느리다. 배열의 크기가 작다면 문제되지 않을 수 있다. 하지만 배열의 크기가 사람이 상상할 수 없을 정도로 커지면 알고리즘은 원하는 숫자를 찾는 데 몇 시간 또는 며칠이 걸릴 정도로 느려진다.

한편 상황에 따라 선형 탐색 알고리즘이 빨라 보일 때가 있어 미숙한 프로그래머를 함정에 빠트리곤 한다.

숫자들이 다음과 같이 정렬되어 있다고 가정해보자.

7	5	3	10	6	2	1	8	4	9

이전과 같은 알고리즘을 사용하여 숫자 7을 찾으려고 하면 첫 번째 시도에서 원하는 결과를 반환하게 된다.

실제로 선형 탐색 알고리즘을 작성한 후 결과를 즉시 얻게 되면 알고리즘의 시간 복잡도가 $O(1)$이라고 생각하기 쉽다.

이런 함정에 빠지면 안 된다. 이 알고리즘의 시간 복잡도는 여전히 $O(n)$이다. 이를 증명하기 위해 같은 배열에서 첫 번째 요소와 마지막 요소의 위치를 바꿔본다.

9	5	3	10	6	2	1	8	4	7

이제는 상황이 달라져 탐색 알고리즘은 원하는 요소를 찾을 때까지 각 요소를 하나씩 확인하며 배열을 통과한다. 알고리즘이 선형이므로 시간 복잡도는 $O(n)$을 유지한다.

선형 탐색은 숫자뿐만 아니라 이름, 이미지, 오디오 클립 등 모든 유형의 데이터에 적용할 수 있다. 하지만 비효율적이라는 단점도 만만치 않다. 계속해서 이를 보완하는 로그형 탐색 기술인 이진 탐색을 살펴보자.

이진 탐색

이 절에서는 이진 탐색의 기반이 되는 로그와 이진 탐색의 원리를 살펴본다.

이진 탐색을 사용하면 많은 양의 탐색 작업을 아주 쉽게 몇 단계만으로 수행할 수 있다. 이 알고리즘은 간단하면서도 강력하기 때문에 사용하기 편리하다.

로그

로그는 복잡해 보이지만 단순한 개념이다. 먼저 지수를 살펴보며 로그에 관한 설명을 시작해보자.

수학 연산을 나타내는 방법 중 하나인 **지수**는 그림 6-3과 같이 2개의 숫자로 구성된다.

$$a^x$$

그림 6-3   지수

여기에서 a를 **밑**base 이라 하고, x를 **지수**exponent   또는 **거듭제곱**power 이라 한다.

그림 6-4는 지수를 활용하는 지수함수의 그래프($a > 1$인 조건) 예다.

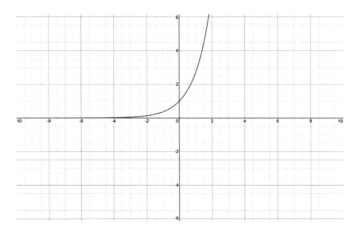

그림 6-4   지수함수의 그래프

> **NOTE**
> **자연로그의 밑과 지수 표현**
>
> **자연로그의 밑**이자 오일러의 수라고 말하는 e를 이용한 지수 표현인 e^x를 기억해두자. e는 무리수이며, 수학 영역에서 e^x를 미분한 결과가 e^x라는 원리 때문에 함수의 미분 등에서 활용한다. 실생활에서도 반감기 계산부터 경제 및 금융에 이르기까지 다양한 응용 분야에서 사용된다.

많은 수학적 개념의 중심에는 함수 또는 연산, 역연산이 있다. 덧셈, 뺄셈, 곱셈, 나눗셈으로 이루어진 기본 사칙연산을 생각해보자. 덧셈의 역연산은 뺄셈이고, 곱셈의 역연산은 나눗셈이다.

각 기본 연산은 역연산을 가지며 이보다 복잡한 함수에도 당연히 역함수가 있다. 지수함수의 경우 역함수는 로그함수다. 즉, 그림 6-5와 같이 **로그와 지수는 역의 관계**다.

$$y = a^x \text{이면, } x = \log_a y$$

그림 6-5 로그와 지수의 관계

로그는 컴퓨터 과학 및 공학에서 많이 사용된다. 앞으로 살펴볼 테지만 많은 알고리즘이 로그를 기반으로 실행된다. 따라서 데이터 구조와 알고리즘 학습 전반에 걸쳐 로그 그래프의 개형을 발견하고 인식할 수 있어야 한다.

그림 6-6은 로그 그래프다.

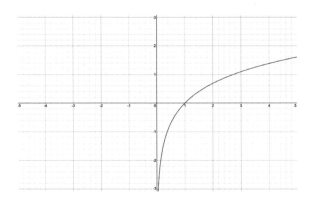

그림 6-6 로그 그래프

지금까지 가볍게 이해한 지수 및 로그 지식을 바탕으로 이진 탐색 알고리즘을 살펴보자.

이진 탐색의 원리

선형 탐색은 쉽게 구현할 수 있지만 한 가지 결함을 갖고 있다. 탐색 알고리즘에 대한 입력 요소의 개수가 증가할수록 알고리즘 실행 시간도 증가한다는 것이다.

이 문제를 해결하기 위해 **이진 탐색**binary search이라는 뛰어난 알고리즘을 살펴본다. 이진 탐색을 단계별로 살펴보면서 어떻게 동작하는지 알아보자.

1부터 9까지의 숫자로 구성된 배열이 있다.

1	2	3	4	5	6	7	8	9

숫자 6을 찾고 있다면 먼저 배열의 중간 요소인 숫자 5를 기준으로 삼는다.

소거법을 사용하여 찾고 있는 숫자보다 작은 숫자를 삭제한다. 이를 위해 5와 6을 비교한다. 5는 6보다 작기 때문에 5를 포함하여 5보다 작은 숫자에는 찾고 있는 숫자 6이 포함되지 않았다는 것을 알 수 있다. 따라서 다음 배열과 같이 1, 2, 3, 4, 5를 삭제한다.

6	7	8	9

이 새로운 배열을 가지고 앞서 수행한 과정을 반복한다. 배열의 중간 요소는 숫자 7이 된다.

7과 6을 비교할 차례다. 7은 6보다 크기 때문에 7을 포함하여 7보다 큰 숫자에는 찾고 있는 숫자 6이 포함되지 않았다는 것을 알 수 있다. 따라서 다음 배열과 같이 7, 8, 9를 삭제한다.

6

두 번째 삭제를 수행하고 나면 찾고자 하는 숫자만 남는다. 이 숫자의 인덱스를 확인하고 반환한다.

앞 예라면 사실 이진 탐색이 선형 탐색보다 더 길고 복잡해 보일 수 있다. 하지만 실제로 배열의 크기가 사람이 상상할 수 없을 정도로 크다면 한 번 검색할 때마다 배열을 반으로 나눠 검색 대상에서 제외하므로 이진 탐색은 선형 탐색보다 처리 속도가 빨라 간단한 알고리즘이 된다.

그럼 이진 탐색과 로그와의 관계는 어떻게 될까? 이진 탐색은 중간 요소와 찾으려는 값을 비교할 때마다 탐색 범위가 1/2로 줄어든다는 특징이 있다. 이때 정렬된 데이터 수를 n, 비교 횟수를 m이라고 하면 다음 식이 성립한다.

$$n \times (1/2)^m = 1$$
$$n = 2^m$$
$$m = \log_2 n$$

즉, 이진 탐색은 로그와 밀접한 관계가 있는 것이다.

앞에서 설명한 관계에 따라 이진 탐색의 시간 복잡도는 $O(\log n)$이다. 이는 선형 탐색보다 훨씬 효율적(선형 탐색에서 시간 복잡도가 $O(1)$인 경우는 제외)이다. 이진 탐색과 같은 로그형 알고리즘의 시간 복잡도는 로그 그래프에서 알 수 있듯이 n(그래프의 x축)이 기하급수적으로 증가하더라도 시간(그래프의 y축)은 같은 비율로 증가하지 않는다. 요소가 많을수록 요소 하나당 탐색에 걸리는 시간이 짧아지는 것이다.

결국 간단한 탐색을 수행할 때의 단위 속도는 미미하게 향상되지만, 훨씬 복잡한 탐색을 수행하면 큰 폭으로 향상된다.

한편 이진 탐색을 사용할 때 주의해야 할 점은 배열이 정렬된 상태에서만 올바르게 동작한다는 것이다. 배열이 정렬되지 않은 상태에서는 이진 탐색이 올바르게 동작하지 않는다.

참고로 그림 6-7은 데이터 크기(개수)와 탐색 시간의 관계를 시간 복잡도의 그래프로 나타낸 것이다.

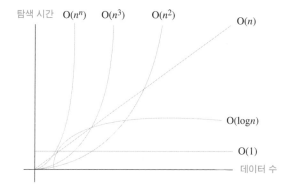

그림 6-7 　데이터 크기와 탐색 시간에 따른 시간 복잡도의 그래프

실제로 이진 탐색이 데이터 크기와 탐색 시간을 비교했을 때 효율적이라는 사실을 알 수 있다.

마치며

6장에서는 알고리즘의 개요를 설명하고, 탐색을 위한 2개의 기초적인 알고리즘인 선형 탐색 알고리즘과 이진 탐색 알고리즘을 살펴봤다. 그리고 이러한 알고리즘을 학습하는 데 필요한 선형성과 로그의 수학적 개념을 설명했다. 7장에서는 실제로 프로그램에 적용할 수 있는 더 많은 알고리즘에 대해 설명한다.

7 정렬 알고리즘

6장에서는 선형 탐색과 이진 탐색을 살펴보았다. 7장에서는 또 다른 주요 알고리즘인 정렬 알고리즘에 대해 설명한다. 많은 응용 프로그램이 다양한 형식의 텍스트나 이미지를 갖고 탐색을 수행하므로 정렬은 대부분의 알고리즘에서 흔히 발견되는 과정이다. 지금부터 일반적인 정렬 알고리즘 대부분을 살펴본다.

정렬 알고리즘의 특징

데이터 사이에는 유사한 속성이나 일련의 순서가 있다. 그래서 많은 컴퓨팅 알고리즘에서 처리 중인 데이터를 특정 형태로 정렬할 때가 있다. 예를 들어 이진 탐색은 알고리즘을 수행하기 전에 데이터를 비교하도록 특정 순서로 배열을 정렬한다. 데이터베이스는 쿼리를 실행하여 특정 속성에 따라 항목을 정렬한다. 즉, 데이터를 정렬하면 알고리즘이 중복 데이터를 빠르게 식별하거나 필요한 데이터를 매우 빠르게 찾을 수 있다.

이 장에서는 아주 자세히는 아니더라도 각 알고리즘의 동작을 쉽게 이해할 수 있는 형태로 프로그래밍에서 사용되는 일반적인 **정렬 알고리즘**sorting algorithm을 설명한다. 자세한 설명을 생략하는 이유는 많은 프로그래밍 언어가 라이브러리 함수 형태로 정렬 알고리즘을 제공하기 때문이다.

실무에서 프로그래밍할 때는 정렬 알고리즘의 개념과 관련 라이브러리가 내부적으로 어떻게 동작하는지를 어느 정도 아는 데 집중하기 바란다. 그럼 충분히 프로그램 설계를 개선할 수 있다.

버블 정렬

첫 번째로 살펴볼 정렬 알고리즘은 가장 이해하기 쉬운 **버블 정렬**bubble sort이다. 버블 정렬이 어떻게 동작하는지 단계별로 살펴보자.

다음과 같은 짝수의 배열이 있다.

10	18	6	2	4	16	8	14	12

배열 오른쪽 끝에 있는 두 숫자 14와 12를 확인한다.

10	18	6	2	4	16	8	14	12

두 숫자를 비교하여 오른쪽이 왼쪽보다 작으면 두 숫자의 위치를 바꾼다. 두 숫자의 위치가 바뀐 새로운 배열은 다음과 같다.

10	18	6	2	4	16	8	12	14

왼쪽으로 한 자리 이동한 다음 두 숫자 8과 12를 비교한다.

10	18	6	2	4	16	8	12	14

두 숫자를 비교하면 오른쪽이 왼쪽보다 크다. 따라서 두 숫자의 위치를 바꾸지 않는다.

10	18	6	2	4	16	8	12	14

계속해서 한 자리씩 왼쪽으로 이동하며 배열의 왼쪽 끝에 도달할 때까지 두 숫자를 비교한다. 그 결과 배열 상태가 다음과 같이 된다.

2	10	18	6	4	8	16	12	14

결국 배열에서 가장 작은 숫자가 배열의 가장 왼쪽으로 이동한다. 그럼 숫자 2는 정렬이 완료된 것으로 간주한다. 이제 알고리즘은 다시 배열의 오른쪽 끝으로 돌아가 두 숫자를 비교한다.

2	10	18	6	4	8	16	12	14

배열의 요소가 모두 정렬될 때까지 앞 과정을 반복해 알고리즘이 계속 실행되면 다음과 같이 정렬된 배열을 얻을 수 있다.

| 2 | 4 | 6 | 8 | 10 | 12 | 14 | 16 | 18 |

버블 정렬은 시간 복잡도가 $O(n^2)$으로 비효율적인 알고리즘이다. 단순하지만 느리기 때문에 실제로 응용 프로그램에 적용할 수 없다. 따라서 버블 정렬보다 더 좋은 정렬 알고리즘을 살펴볼 필요가 있다.

선택 정렬

선택 정렬selection sort은 6장에서 설명한 선형 탐색을 응용한 알고리즘이다. 다음과 같은 짝수 배열이 있다고 가정해 선택 정렬의 동작을 살펴보자.

| 12 | 4 | 14 | 16 | 18 | 6 | 10 | 8 | 2 |

먼저 선형 탐색을 사용하여 배열에서 가장 작은 숫자를 찾는다. 이 배열에서 가장 작은 숫자는 2다.

| 12 | 4 | 14 | 16 | 18 | 6 | 10 | 8 | 2 |

가장 작은 숫자 2와 배열의 가장 왼쪽에 위치한 숫자 12의 위치를 바꾼다. 그럼 숫자 2는 정렬이 완료된 것으로 간주한다.

2	4	14	16	18	6	10	8	12

이러한 동작을 배열의 모든 숫자가 정렬될 때까지 계속 수행한다. 알고리즘 실행이 끝나면 다음과 같이 정렬된 배열을 얻을 수 있다.

2	4	6	8	10	12	14	16	18

선택 정렬은 이해하기 쉽지만 프로그래밍할 때 반복문 2개를 중첩하여 구현하므로 시간 복잡도가 $O(n^2)$이다. 또한 처음에 배열에서 가장 작은 요소를 찾기 위해 선형 탐색을 사용한다. 따라서 입력 데이터 개수가 증가할수록 알고리즘의 실행 속도는 느려진다.

선택 정렬은 요소의 개수가 작은 배열에서는 잘 동작하지만, 요소의 개수가 많은 배열에서는 버블 정렬보다 조금 더 나은 성능을 제공할 뿐이다. 선택 정렬보다 더 나은 정렬 알고리즘을 살펴볼 필요가 있다.

삽입 정렬

삽입 정렬insertion sort은 널리 사용되는 훌륭한 정렬 알고리즘이다. 삽입 정렬의 동작은 다음과 같다.

다음과 같이 정렬되지 않은 짝수의 배열이 있다고 가정하자.

| 10 | 6 | 8 | 14 | 4 | 16 | 12 | 18 | 2 |

삽입 정렬 알고리즘은 왼쪽 끝에서 두 번째에 있는 숫자부터 차례대로 앞의 숫자들과 비교한다. 처음에는 6과 10을 비교한다.

| 10 | 6 | 8 | 14 | 4 | 16 | 12 | 18 | 2 |

10은 6보다 큰 숫자이므로 두 숫자의 위치를 바꾼다.

| 6 | 10 | 8 | 14 | 4 | 16 | 12 | 18 | 2 |

다음 차례는 왼쪽 끝에서 세 번째에 있는 숫자 8이다. 알고리즘이 8에 도달하면 앞에 있는 10과 비교한다.

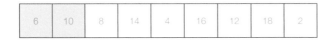

10은 8보다 큰 숫자이므로 두 숫자의 위치를 바꾼다.

6	8	10	14	4	16	12	18	2

8과 10을 비교한 후에는 8과 6을 비교한다. 6은 8보다 작은 숫자이므로 두 숫자의 위치를 바꾸지 않는다. 이러한 동작을 배열의 모든 숫자가 정렬될 때까지 계속 수행한다. 알고리즘의 실행이 끝나면 다음과 같이 정렬된 배열을 얻을 수 있다.

2	4	6	8	10	12	14	16	18

삽입 정렬에서는 선택 정렬처럼 가장 작은 숫자를 찾기 위해 배열의 모든 숫자를 확인할 필요가 없다. 삽입 정렬은 시간 복잡도가 최악의 경우 $O(n^2)$이며 선택 정렬보다 더 효율적인 정렬 알고리즘이다.

셸 정렬

셸 정렬shell sort은 삽입 정렬을 더 효율적으로 실행하는 알고리즘이다. 다음과 같이 동작한다.

① 요소를 몇 개 단위로 묶은 후 단위마다 삽입 정렬을 실행함

② 이후 단위 요소 수를 줄여 묶은 후 삽입 정렬을 실행함

③ 단위 요소 수가 1이 될 때까지 실행하면 정렬이 완료됨

이번에는 다음 짝수의 배열로 셸 정렬을 살펴본다.

| 10 | 6 | 8 | 14 | 4 | 16 | 12 | 20 | 18 | 2 | 22 |

먼저 단위 요소 수를 5로 지정해 삽입 정렬을 각각 실행한다. 이때 부분 리스트와 삽입 정렬 실행 결과는 다음과 같다.

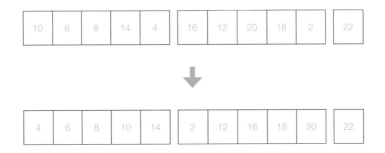

다음으로 단위 요소 수를 3으로 지정해 삽입 정렬을 각각 실행한다. 이때 부분 리스트와 삽입 정렬 실행 결과는 다음과 같다.

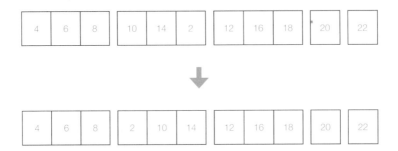

이번에는 단위 요소 수를 1로 지정해 삽입 정렬을 각각 실행한다. 이때 부분 리스트와 삽입 정렬 실행 결과는 다음과 같다.

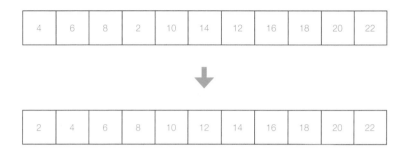

단위 요소 수마다 조금씩 요소를 정렬하므로 최종 단위 요소 수 1일 때는 기존 삽입 정렬보다 위치를 바꾸는 일이 훨씬 적은 것을 알 수 있다.

실제 삽입 정렬의 시간 복잡도를 비교하면 표 7-1과 같다.

	최선	평균	최악
삽입 정렬	$O(n)$	$O(n^2)$	$O(n^2)$
셸 정렬	$O(n)$	$O(n^{1.5})$	$O(n^2)$

표 7-1 삽입 정렬과 셸 정렬의 시간 복잡도 비교

즉, 평균적으로 셸 정렬의 성능이 삽입 정렬보다 우수하다고 판단할 수 있다.

병합 정렬

병합 정렬merge sort 은 데이터를 반으로 나누어 정렬을 수행하는 독창적인 알고리즘이다. 이러한 방식을 **분할 정복**divide and conquer 이라고 한다.

다음과 같이 정렬되지 않은 짝수의 배열을 가정해보자.

병합 정렬의 첫 번째 과정은 배열을 반으로 나누는 것이다.

반으로 나눈 배열을 다시 반으로 나눈다.

모든 배열에 하나의 숫자만 남을 때까지 반복해서 반으로 나눈다.

두 배열씩 결합하며 작은 숫자에서 큰 숫자 순으로 정렬된다.

결합을 반복하며 점점 배열의 크기를 늘려나간다.

결국 완전히 정렬된 하나의 배열을 얻을 수 있다.

이처럼 병합 정렬은 배열을 나눌 수 없을 때까지 반으로 나눈 다음, 숫자를 정렬하며 더 결합할 수 있는 배열이 없을 때까지 결합하는 알고리즘이다.

실제로 병합 정렬은 흔히 재귀 함수를 사용하여 입력 데이터를 계속 나누므로 알고리즘의 시간 복잡도가 재귀 횟수에 따라 달라지며, 일반적인 시간 복잡도는 $O(n\log n)$이다.

퀵 정렬

분할 정복 방식을 사용하는 또 다른 정렬 알고리즘으로 퀵 정렬quick sort이
있다.

다음과 같은 짝수의 배열을 가정해보자.

| 6 | 10 | 16 | 2 | 4 | 18 | 8 | 14 | 12 |

먼저 배열의 맨 왼쪽 요소를 선택하여 마커 이동의 기준이 되는 **피벗**pivot
으로 정한다. 일반적으로 피벗은 무작위로 선택해도 되지만 프로그래밍
을 쉽게 하려면 맨 왼쪽 혹은 맨 오른쪽 배열 요소를 피벗으로 선택하도
록 알고리즘을 설계하면 좋다.

피벗을 정하고 나면 피벗 바로 오른쪽에 위치한 요소와 배열 맨 오른쪽
에 위치한 요소를 선택하여 각각 **왼쪽 마커**left marker**와 오른쪽 마커**right marker
로 정한다. 앞 짝수의 배열이라면 피벗(P)은 6, 왼쪽 마커(L)는 10, 오른
쪽 마커(R)는 12다.

왼쪽 마커는 오른쪽으로 이동하며 피벗보다 크거나 같은 첫 번째 숫자를
선택한다. 마찬가지로 오른쪽 마커는 왼쪽으로 이동하며 피벗보다 작은
첫 번째 숫자를 선택한다. 이 예에서는 왼쪽 마커에 해당하는 10이 이미

피벗보다 큰 숫자이므로 움직이지 않고 오른쪽 마커에 해당하는 12는 피벗보다 큰 숫자 이므로 오른쪽으로 이동한다. 앞 예에서는 숫자 4가 있는 요소까지 오른쪽 마커가 계속 이동한다.

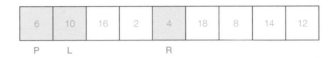

각 마커가 숫자를 선택하고 나면 왼쪽 마커의 숫자와 오른쪽 마커의 숫자 위치를 바꾼다.

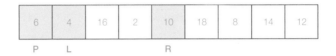

이후의 과정은 다음과 같다. 핵심은 왼쪽 마커와 오른쪽 마커가 서로 교차하는 상태가 된 후 오른쪽 마커에 해당하는 숫자와 피벗에 해당하는 숫자를 바꾸는 것이다.

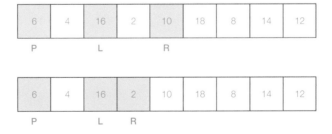

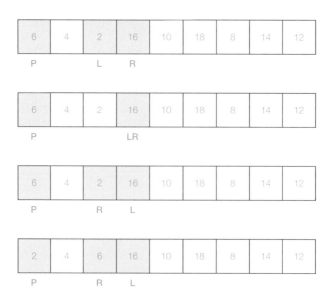

이렇게 되면 피벗이었던 6의 정렬은 끝난 것이다.

이렇게 마커를 사용하여 숫자를 선택하고 위치를 바꾸는 동작을 반복하면 피벗보다 작은 숫자는 배열의 왼쪽에, 피벗보다 큰 숫자는 배열의 오른쪽에 모이게 된다.

이제 6의 왼쪽과 오른쪽에 있는 배열의 맨 왼쪽 요소를 새로운 피벗으로 삼아 같은 과정을 반복하면 된다.

최종 정렬 과정이 약간 긴 편이므로 자세한 과정은 'Quick sort process'라는 웹 문서(http://bit.ly/3r7y8vQ)를 참고하기 바란다.

이렇게 퀵 정렬은 피벗을 기준으로 왼쪽에는 피벗보다 작은 숫자, 오른쪽에는 피벗보다 큰 숫자로 배열이 정렬되면 알고리즘은 이를 반씩 나눈다. 그리고 먼저 피벗의 왼쪽 배열에 대해 같은 동작을 수행한 후, 처음 피벗의 오른쪽 배열에 대해서도 같은 동작을 수행한다. 알고리즘은 배열이 완전히 정렬될 때까지 배열을 작게 나눠가며 정렬을 수행한다.

퀵 정렬 알고리즘의 시간 복잡도는 $O(n\log n)$이다.

힙 정렬

힙 정렬heap sort은 3장의 '힙'에서 설명한 힙 데이터 구조의 각 노드를 최대 힙 혹은 최소 힙 상태로 정렬하는 방법을 뜻한다.

예를 들어 다음과 같은 힙 데이터 구조가 있다고 생각해보자.

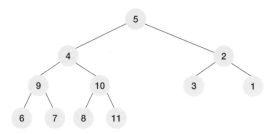

그림 7-1 정렬 전의 힙 데이터 구조

이를 최대 힙이 되도록 정렬한다고 생각해보자. 먼저 값이 최대인 11이 있는 노드를 바로 위 부모 노드값 10과 비교한다 11이 더 크므로 두 노드의 위치를 바꾼다.

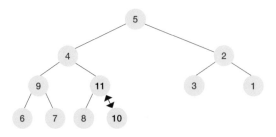

그림 7-2 최댓값이 있는 노드를 바로 위 부모 노드와 바꿈 1

다음으로 값이 11인 노드와 바로 위의 값이 4인 부모 노드를 비교한다. 최대 힙 정렬이므로 값이 11인 노드와 값이 4인 노드의 위치를 바꾼다.

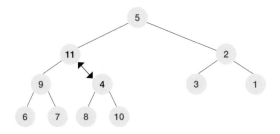

그림 7-3 최댓값이 있는 노드를 바로 위 부모 노드와 바꿈 2

이번에는 값이 11인 노드와 루트 노드 값 5를 비교한다. 역시 값이 11인 노드와 루트 노드의 위치를 바꾼다.

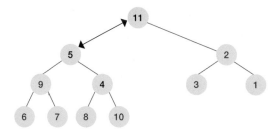

그림 7-4   최댓값이 있는 노드를 루트 노드와 바꿈

다음으로 큰 노드 값은 10이다. 방금 설명했던 과정과 같은 원리로 값이 10인 노드를 최대 힙 정렬에 맞게 바꾸면 결과는 그림 7-5와 같다.

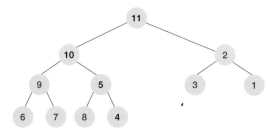

그림 7-5   값이 10인 노드를 최대 힙 정렬

이러한 원리에 따라 모든 노드를 정렬하면 최종 결과는 다음과 같다.

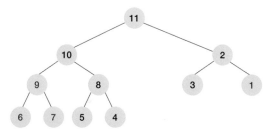

그림 7-6   최대 힙 정렬 최종 결과

최소 힙 정렬의 원리는 최대 힙 정렬과 반대다. 즉, 자식 노드와 부모 노드의 값을 비교해서 더 작은 쪽을 계속 루트 노드에 가깝도록 위치시키는 것이다. 따라서 최소 힙 정렬은 구체적으로 설명하지 않고 그림 7-7에서 최소 힙 정렬의 최종 결과만 살펴보겠다.

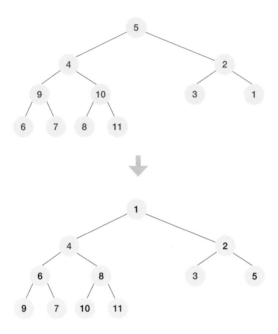

그림 7-7 최소 힙 정렬 최종 결과

힙 정렬은 시간 복잡도가 최선, 평균, 최악에 상관없이 항상 $O(nlogn)$을 유지한다는 장점이 있다. 이는 전체 값을 대상으로 비교해 정렬하는 것이 아니라 가장 크거나 작은 값 기준으로 바로 옆에 있는 부모 및 자식 노드를 상대 비교하기 때문이다.

버킷 정렬

버킷 정렬bucket sort은 요소들을 어떤 기준이 있는 **버킷**(여러 데이터를 저장하는 장소)에 나눠 넣은 후 다음 과정으로 정렬을 수행한다.

① 어떤 순서가 있는 버킷으로 사용할 기억 공간(보통 배열이나 리스트)을 준비함

② 버킷을 만들 때의 기준에 따라 요소를 분류해 넣음

③ 버킷별로 요소를 정렬함

④ 버킷 안에서 정렬한 요소를 버킷의 순서에 따라 나열해서 정렬을 완료함

다음과 같이 숫자로 이루어진 배열을 예로 들어 버킷 정렬을 살펴보겠다.

| 1 | 1431 | 15 | 25703 | 171 | 45 | 263 | 55 | 553 | 1430 | 34762 |

이때 보통 다음과 같은 기준으로 생성된 버킷에 요소를 나누어 넣는다. 그리고 각 버킷 내에서 요소를 정렬한 후 이를 내보낸다.

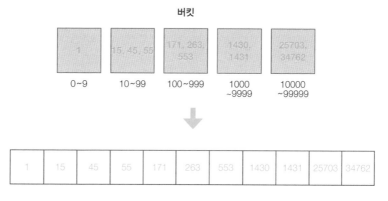

그림 7-8 버킷 정렬의 원리

여기서 버킷의 기준은 10진수의 자릿수다. 즉, 자릿수를 기준으로 버킷을 만들어 그에 해당하는 요소를 나눠 넣은 후 버킷 안에서 정렬해 정렬 처리 속도를 높인다는 원리다.

버킷 정렬의 시간 복잡도는 보통 버킷 내에서 요소를 정렬할 때의 시간 복잡도를 따른다. 그림 7-8의 예라면 보통 삽입 정렬을 사용하므로 최악의 경우는 $O(n^2)$이다. 평균은 $O(n + n^2/m + m)$(이때 m은 버킷 수)이다.

기수 정렬

기수 정렬radix sort은 바로 앞에서 설명한 버킷 정렬과 기본 원리는 같다. 하지만 특정 기준이 정해져 있는 버킷 정렬이라는 점에 차이가 있다. 여기서 특정 기준은 바로 요솟값의 특정 자릿수끼리 비교해서 정렬한다는 것이다.

역시 예를 들어서 파악하는 것이 빠르다고 생각한다. 버킷 정렬에서 사용했던 배열을 다시 사용하겠다.

1	1431	15	25703	171	45	263	55	553	1430	34762

기수 정렬에서는 이미 숫자 0~9에 해당하는 버킷 9개를 만들고 시작한다. 그리고 먼저 1의 자릿수를 기준으로 해당 숫자의 버킷 내에 요소를 나눈다.

0	1	2	3	4	5	6	7	8	0
1430	1, 1431, 171	34762	25703, 263, 553		15, 45, 55				

그림 7-9 1의 자릿수를 기준으로 기수 정렬

다음으로는 10의 자릿수를 기준으로 버킷 내의 요소를 다시 나눈다. 이때 요솟값이 1의 자릿수 숫자라면 그 앞이 0이라고 간주해 요소를 나눈다.

0	1	2	3	4	5	6	7	8	0
01, 25703	15		1430, 1431	45	55, 553	34762, 263	171		

그림 7-10 10의 자릿수를 기준으로 기수 정렬

이번에는 100의 자릿수를 기준으로 버킷 내의 요소를 다시 나눈다. 이때 요솟값이 1의 자릿수인 숫자와 10의 자릿수인 숫자라면 그 앞에 해당 자릿수만큼의 0이 있다고 간주해 요소를 나눈다. 이렇게 계속 요소를 나누다 보면 결국 순서대로 정렬하게 된다.

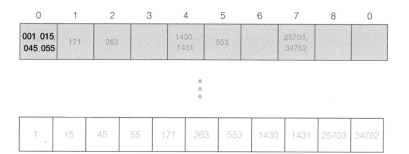

0	1	2	3	4	5	6	7	8	0
001, 015, 045, 055	171	263		1430, 1431	553		25703, 34762		

⋮

1	15	45	55	171	263	553	1430	1431	25703	34762

그림 7-11 100의 자릿수 및 최종 기수 정렬 결과

참고로 기수 정렬의 시간 복잡도는 최악의 경우 $O(mn)$(m은 요소의 자릿수)이다.

마치며

7장에서는 기본적인 정렬 알고리즘을 설명하고 버블 정렬, 선택 정렬, 삽입 정렬, 병합 정렬, 퀵 정렬을 사용하는 방법에 대해서도 알아보았다. 8장에서는 탐색 알고리즘을 간략하게 살펴본다.

8 경로 탐색 알고리즘

8장에서는 또 다른 주요 알고리즘인 경로 탐색 알고리즘에 대해 알아보고, 가장 일반적인 것 몇 가지를 소개한다.

경로 탐색 알고리즘은 컴퓨팅 분야의 많은 응용 프로그램에서 발견할 수 있는 강력한 도구다. 여기서는 각 알고리즘의 동작 메커니즘을 짧게 설명한 후 어디에 사용되고 어떻게 동작하는지 이해하는 데 중점을 둘 것이다.

너비 우선 탐색

먼저 살펴볼 경로 탐색 알고리즘은 5장에서 살펴본 그래프를 탐색하는 **너비 우선 탐색**(breadth-first search, BFS) 알고리즘이다. 이는 시작 노드에서 가장 가까운 노드부터 시작하여 모든 노드를 광범위하게 탐색한다.

너비 우선 탐색은 두 노드 사이에 경로가 있는지 확인하고 그 사이의 최단 경로를 결정한다. 알고리즘이 어떻게 동작하는지 알아보기 위해 그림 8-1의 그래프를 살펴본다.

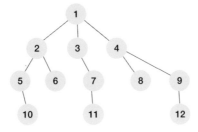

그림 8-1 그래프

루트 노드 1에서 시작하여 값이 10인 노드에 도달하려는 경우, 알고리즘
은 1에서 가장 가까운 2, 3, 4를 탐색한다. 그런 다음 2에서 가장 가까운
5, 6을 탐색하고 3에서 가장 가까운 7을 탐색하고 4에서 가장 가까운 8,
9를 탐색한다.

이러한 동작은 그래프의 모든 노드를 탐색할 때까지 반복된다. 결국 5에
서 가장 가까운 10에 도달하면 탐색을 종료한다.

너비 우선 탐색은 기본적으로 그래프를 층별로 탐색한다. 그림 8-2는 너
비 우선 탐색이 그래프를 가로지르는 경로를 보여준다.

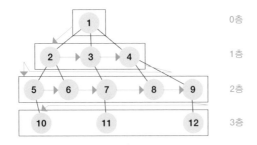

그림 8-2 너비 우선 탐색 경로

너비 우선 탐색 알고리즘은 기본적으로 0층에서 시작하며 다음 층으로 이동하기 전에 해당 층의 모든 노드를 방문할 때까지 수평으로 이동한다. 즉, 한 번 거친 노드 순서를 저장한 후 다시 꺼내는 선입선출 원칙으로 탐색한다. 주로 2장의 '큐' 절에서 살펴본 큐 데이터 구조로 구현하는 편이다.

깊이 우선 탐색

깊이 우선 탐색depth-first search, DFS 역시 그래프를 탐색하는 알고리즘이다. 이는 시작 노드와 직접 연관된 하위 노드의 끝까지 모두 탐색한 후 다음 하위 노드를 탐색하는 방법이다.

이번에는 아까 살펴본 그림 8-1의 그래프에서 루트 노드 1부터 시작해 11에 도달하려는 경우를 살펴보자.

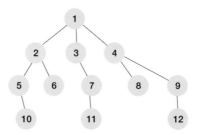

그림 8-3   그림 8-1과 같은 그래프

알고리즘은 1에서 가장 왼쪽에 있는 1층의 2를 탐색한 후 하위 노드인 2층의 5, 3층의 10을 차례로 탐색한다. 그 후 다시 2를 거쳐 2층의 6을 탐색하고, 1층의 3, 2층의 7을 거쳐 11에 도달하면 탐색을 종료한다.

그림 8-4는 그림 8-1의 그래프에서 깊이 우선 탐색을 어떻게 진행하는
지 보여준다.

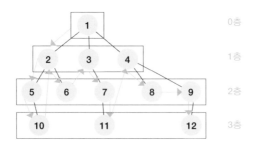

그림 8-4   깊이 우선 탐색 경로

너비 우선 탐색이 같은 층의 노드를 모두 탐색한 후 다음 층을 탐색한다
면, 깊이 우선 탐색은 일단 경로 하나의 모든 층을 탐색한 후 그 다음에
다른 경로의 모든 층을 탐색한다.

따라서 깊이 우선 탐색을 구현할 때는 보통 재귀 호출이나 스택을 명시
하는 방법을 사용한다.

> **NOTE**
> **백트래킹**
>
> 백트래킹은 모든 경우를 다 탐색해 문제의 해답을 찾는 제어 알고리즘을 뜻한다.
> 어떤 규칙으로 정해진 해답을 찾지 못하면 다시 처음으로 돌아와 다른 규칙으로 문
> 제의 해답을 찾는다. 보통 트리 데이터 구조에서는 깊이 우선 탐색과 너비 우선 탐
> 색을 이용해 백트래킹을 실행한다.

데이크스트라 알고리즘

내비게이션이 가장 빠른 길을 찾는 방법은 무엇인가? 또는 영상 데이터 패킷이 원활한 실시간 영상 통화를 위해 네트워크에서 최단 경로를 찾는 방법은 무엇인가? 이러한 문제는 컴퓨터 과학의 핵심이며 복잡해 보이지만, 그래프를 사용해서 문제를 표현한다면 해결책을 찾을 수 있다.

그래프의 정점으로 문제를 표현하면 정점 사이의 최단 경로를 찾음으로써 문제의 해결책을 얻을 수 있다. 이를 위해 사용할 수 있는 알고리즘은 여러 가지며 그중 하나가 **데이크스트라**Dijkstra **알고리즘**이다. 이는 가중 그래프에서 동작하고 그래프의 노드 하나에서 다른 노드까지의 최단 경로를 찾는다.

데이크스트라 알고리즘에서는 그래프의 가중치를 **비용**cost이라고 하며, 알고리즘이 동작하기 위해서는 비용이 음수가 아니어야 한다. 이 조건에 따라 그래프의 시작 노드에서 목표 노드까지의 최소 비용을 찾는다.

그림 8-5와 같은 그래프가 있다고 하고 노드 1을 시작 노드로 설정해보자.

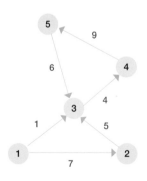

그림 8-5   데이크스트라 알고리즘을 사용하는 유향 가중 그래프

알고리즘은 노드 1의 비용을 0으로 설정하고 다른 모든 노드에는 무한대의 비용을 할당한다. 노드 2와 노드 3은 노드 1에 인접해 있으므로 알고리즘은 노드 1에서 노드 2와 노드 3까지의 비용을 계산할 수 있다.

예를 들어 노드 2까지의 비용이 7이고 노드 3까지의 비용이 1이면 노드 3까지의 비용이 최소이므로 노드 3을 경로의 일부로 선택한다. 이제 노드 3을 기준으로 인접한 노드들의 비용을 계산한다. 이 경우 노드 4가 선택되며, 다시 노드 4를 기준으로 앞서 수행한 동작을 반복한다.

즉, 목표 노드에 도달할 때까지 한 번에 하나의 경로씩 계속 반복해서 계산하며 각 노드까지의 최단 경로를 찾는 것이다.

데이크스트라 알고리즘은 강력하다. 하지만 알고리즘이 탐색하는 공간에 대한 정보가 없어서 **블라인드 탐색**blind search 또는 **무정보 탐색**uninformed search이라고 알려진 동작을 수행하는 데 많은 시간과 자원을 소비한다는 한계점을 갖고 있다. 하지만 이러한 한계에도 불구하고 장점이 더 뚜렷해 지도와 내비게이션 서비스에서 많이 사용하는 알고리즘이기도 하다.

데이크스트라 알고리즘을 개선한 알고리즘이 여럿 있다. 그중 **벨먼-포드**Bellman-Ford **알고리즘**은 그래프에서 최단 경로를 찾는 데 사용되며 가중 그래프를 탐색한다는 점은 데이크스트라 알고리즘과 같다.

그런데 데이크스트라 알고리즘은 가중치가 음수인 에지를 갖는 그래프에서 동작하지 않지만, 벨먼-포드 알고리즘은 가중치가 음수인 에지를 갖는 그래프에서도 동작한다는 차이가 있다.

A* 알고리즘

A*A star **알고리즘**은 최근 로봇 공학과 인공지능에 대해 관심이 급증하면서 주목받고 있는 알고리즘이다. 데이크스트라 알고리즘과 마찬가지로 노드 사이의 최단 경로를 찾는다.

A* 알고리즘을 설명하기 전에 경로 탐색 기법의 두 가지 유형으로 **탐욕적**greedy **접근법**과 **휴리스틱**heuristic **접근법**(간편 추론 접근법)부터 살펴보자.

1장에서 언급한 탐욕 알고리즘을 떠올려보자. 탐욕 알고리즘은 항상 현재의 관점에서 적합한 경로를 선택한다. 예를 들어 데이크스트라 알고리즘은 이전 노드로부터 가장 비용이 낮은 경로로 현재 노드를 선택한다. 하지만 문제 전체를 고려하지 않고 하나의 단계만 기준으로 하여 결정을 내린다는 한계도 있다.

반면에 휴리스틱 알고리즘은 확률론을 토대로 문제의 대략적인 해결책을 제공한다. 물론 휴리스틱 알고리즘이 경로 탐색 기법으로서 반드시 최적의 해결책인 것은 아니다. 하지만 휴리스틱은 완벽한 논리가 아닌 사람의 직감으로 판단하는 영역을 그대로 구현하는 방법이므로 실전에서 문제없이 사용할 수 있을 정도로 안정성이 입증되어 있다.

이 절에서 설명할 A* 알고리즘은 휴리스틱 알고리즘의 범주에 속한다. 좀 더 자세히 설명하면 데이크스트라 알고리즘의 접근법과 탐색할 때마다 최선의 휴리스틱을 찾아서 그에 따라 노드를 탐색하는 **최선 우선 탐색**best first search이라는 알고리즘의 요소를 결합하여 훌륭한 휴리스틱적 해결책을 제공한다. 그 결과 전체 순회 비용이 가장 낮은 경로를 선택한다.

그림 8-6에서는 최대한 쉽고 빠르게 별에서 원으로 이동하려는 경우를
예로 들어 살펴본다.

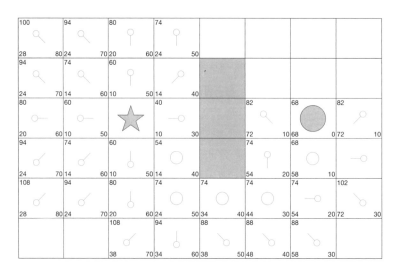

그림 8-6 최단 경로 찾기

A* 알고리즘을 사용하려면 먼저 문제를 그래프로 나타내야 한다. A* 알고
리즘은 시작 노드에서 인접 노드로 이동하는 비용을 계산하고 목표 노드
까지의 예상 비용을 계산한다. 계산이 끝나면 인접 노드 중 비용이 가장 낮
은 노드를 선택한다. 여기서 선택된 노드를 '탐색이 완료된' 노드로 간주한
다. 알고리즘은 탐색이 완료된 노드를 기준으로 모든 인접 노드의 비용을
계산하고, 그중 가장 낮은 비용의 노드를 선택하여 탐색이 완료된 노드로
간주한다. 이러한 과정을 목표 노드에 도달할 때까지 반복한다.

데이크스트라 알고리즘이 그래프에서 가능한 모든 경로를 탐색하는 데
비해 A* 알고리즘은 어림짐작한 최단 경로의 비용이 실제 최단 경로의

비용에 가까울 수 있어 더 효율적이다. 물론 비용 계산에 실패할 수도 있지만 A* 알고리즘을 사용하면 적어도 최단 경로를 찾는 것이 보장된다.

마치며

8장에서는 대표적인 경로 탐색 알고리즘인 너비 우선 탐색, 깊이 우선 탐색, 데이크스트라 알고리즘, A* 알고리즘을 설명했다. 9장에서는 몇 가지 일반적인 군집화 알고리즘에 대해 살펴본다.

9 군집화 알고리즘

9장에서는 K-알고리즘이라고 부르는 군집화 알고리즘을 살펴본다. 구체적으로 K-평균 알고리즘과 K-최근접 이웃 알고리즘에 대해 알아본다.

군집화 알고리즘은 분류 시스템과 머신러닝 시스템에서 널리 사용되며 이 책에서는 구현상의 수학적 세부 사항 없이 단순한 수학 개념만 사용하여 군집화 알고리즘의 원리를 살펴본다.

K-평균 알고리즘

K-평균K-means **알고리즘**은 인공지능과 머신러닝에 대한 관심이 높아지는 요즘 주목받고 있는 중요한 알고리즘이다. 데이터 구조의 특정 속성(예를 들면 이질성)을 사용하여 데이터를 분류하는 **그래프 군집화**graph clustering*에 사용된다. 이때 데이터를 분류하여 관련된 요소끼리 묶는 동작을 **군집화**clustering라고 한다.

---

* 옮긴이: 여기서 말하는 그래프는 데이터 구조가 아니라 n차원 좌표계를 뜻한다.

데이터를 군집화하려면 군집 분석을 수행하는 알고리즘을 데이터 요소에 적용해야 한다. 군집 분석은 요소의 종류와 객체 사이의 관계에 따라 데이터끼리 묶는 동작을 수행한다. 그래서 서로 다른 군집에 속한 객체들은 서로 다른 속성을 갖고 있다.

K-평균 알고리즘을 이해하려면 데이터 군집의 유형을 나누는 방법을 알 필요가 있다. 데이터 군집화의 두 가지 종류로 **계층형**hierarchical **군집화**와 **분할형**partitioning **군집화**가 있다.

그림 9-1은 계층형 군집화의 예를 보여준다(실전에서의 계층형 군집화 다이어그램은 일반적으로 이보다 더 복잡하다).

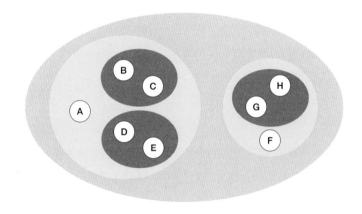

그림 9-1   계층형 군집화

문자로 표시된 각 노드는 하나의 데이터 요소를 뜻한다. 그리고 다이어 그램에서 유사한 노드들은 원으로 묶여 있다. 계층형 군집 내 노드들은 유사한 데이터 집단 사이의 관계를 보여준다.

또한 계층형 군집화에서는 인접한 데이터 군집을 식별하고 병합하여 그 결과를 **덴드로그램**dendrogram으로 나타낼 수 있다.

그림 9-2는 앞에서 설명한 계층형 군집화 다이어그램을 표현하는 덴드로그램의 예다.

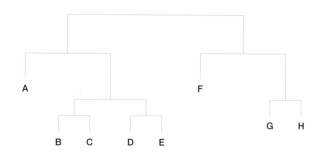

그림 9-2 덴드로그램

또 다른 군집화 유형인 분할형 군집화의 예는 그림 9-3과 같다.

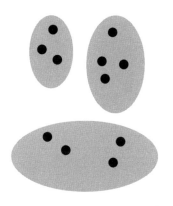

그림 9-3 분할형 군집화

이제 분할형 군집화에 해당하는 K-평균 알고리즘을 본격적으로 살펴보자. K-평균 알고리즘은 **센트로이드**centroid라는 분할형 군집의 중심점을 할당한다. 각 노드는 가장 인접한 센트로이드를 중심으로 군집을 형성한다. 따라서 프로그래밍 언어나 유사 코드로 K-평균 알고리즘을 구현할 때는 알고리즘이 처리할 군집의 개수인 K값을 미리 지정해야 한다.

K-평균 알고리즘은 일반적으로 센트로이드를 무작위로 선택한다. 그리고 비슷한 데이터끼리 얼마나 가까이 있는지를 판단하는 개념인 **유클리드 거리**euclidean distance라는 수학적 속성에 근거하여 센트로이드에 인접한 노드들을 군집의 요소로 선택한다.

지금부터는 알고리즘을 단계별로 실행해가며 동작을 이해해보자. K값을 2로 설정(K=2)하고, 그림 9-4와 같이 그래프에 데이터 요소가 있다고 가정한다.

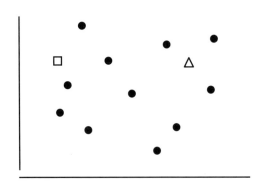

그림 9-4 센트로이드 설정

이 그래프에는 2개의 센트로이드가 있으며 하나는 삼각형, 다른 하나는 사각형으로 표시한다.

K-평균 알고리즘은 삼각형 센트로이드에 더 가까운 데이터 요소와 사각형 센트로이드에 더 가까운 데이터 요소를 결정한다. 이를 위해 알고리즘은 각 데이터 요소의 유클리드 거리를 계산한다.

그 결과 그림 9-5와 같이 가상의 선을 기준으로 그래프를 분할할 수 있다. 선의 왼쪽에 위치한 모든 데이터 요소는 사각형 센트로이드에 더 가깝고, 선의 오른쪽에 위치한 모든 데이터 요소는 삼각형 센트로이드에 더 가깝다.

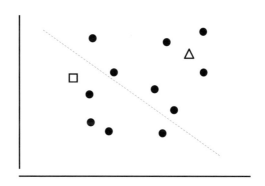

그림 9-5 유클리드 거리 계산

센트로이드에 데이터 요소를 할당하고 나면 할당된 데이터 요소 중심으로 센트로이드의 위치를 다시 계산한다.

결과적으로 센트로이드는 그림 9-6과 같이 각 군집에 속한 모든 데이터 요소의 '평균' 위치로 재설정된다.

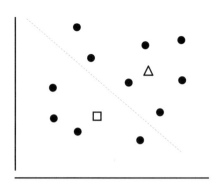

그림 9-6 센트로이드 재설정

센트로이드를 재설정하고 나면 새로운 위치를 기준으로 앞의 과정을 반복한다. 이는 센트로이드가 더 이상 이동하지 않을 때까지 수행된다. 즉, K-평균 알고리즘은 n차원 좌표계에서 유클리드 거리를 기반으로 'K'개의 '평균'을 찾는 알고리즘이다.

참고로 K-평균 알고리즘은 분류 시스템뿐 아니라 머신러닝의 **비지도 학습**unsupervised learning 시스템에서도 사용된다는 것을 기억하자.

K-최근접 이웃 알고리즘

K-최근접 이웃K-nearest neighbor, KNN **알고리즘**은 최신 컴퓨터 과학의 강력한 도구이며 특히 머신러닝에서 중요한 역할을 한다. 보통 데이터를 분류하는 능력이 뛰어나다고 알려져 있다.

지금부터 한 가지 예를 통해 복잡한 수학적 개념 없이 K-최근접 이웃 알고리즘을 간략히 설명한다.

도형을 원형 또는 사각형으로 분류하는 분류 시스템을 상상해보자. 그림
9-7과 같이 도형 데이터 요소를 그래프에 배치한다. 모양에 따라 그래프
상의 위치가 구분된 것을 확인할 수 있다.

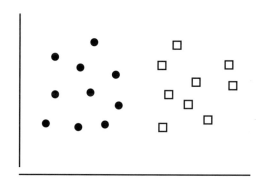

그림 9-7 도형 분류

그림 9-8과 같이 새로운 도형 하나를 그래프에 추가해보자.

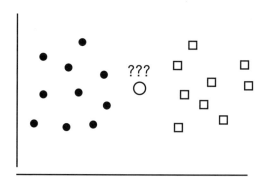

그림 9-8 새로운 도형 추가

새로운 도형이 사각형인지 원형인지 어떻게 결정할 수 있을까? K-최근접 이웃 알고리즘에서 K값은 분류 과정에서 고려할 최근접 이웃의 개수다. 여기에서는 일단 K값이 5라고 가정하자.

K=5이므로 새로운 도형의 모양은 그림 9-9와 같이 최근접 이웃 5개를 고려해서 정해진다.

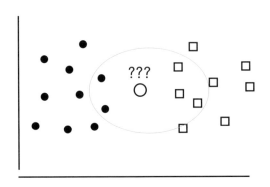

그림 9-9 새로운 도형 분류

K값이 5인 분류 과정에서는 3개의 사각형과 2개의 원형이 새로운 도형의 최근접 이웃이다. 최근접 이웃 5개 중 절반을 넘는 3개가 사각형이므로 새로운 도형은 사각형으로 분류된다. 이것이 K-최근접 이웃 알고리즘이 분류를 수행하는 방법이다.

머신러닝

K-알고리즘을 설명하며 언급한 머신러닝은 컴퓨터 과학의 한 분야이고 통계를 사용하여 연산을 수행하므로 수학과도 관계가 깊다.

머신러닝은 기본적으로 컴퓨터를 도구로 활용하여 데이터를 통계적으로 분석한 후 의사 결정이나 예측을 도출한다. 머신러닝 시스템은 이를 위해 먼저 기본적으로 대량의 데이터를 수집하여 원하는 정보로 변환한다. 그리고 변환한 데이터를 머신러닝 알고리즘을 학습시키는 데 사용한다. 최종적으로는 학습을 통해 만든 머신러닝 알고리즘을 바탕으로 문제를 해결한다.

또한 최근 머신러닝과 **인공지능**artificial intelligence, AI을 같은 것으로 생각하는 사람이 있는데 인공지능과 머신러닝이 다른 개념이라는 점에 유의하자. 인공지능은 지능적인 동작을 수행할 수 있는 컴퓨팅 시스템이고, 머신러닝은 동작을 수행하는 방법을 비지도 또는 지도 형태로 학습하는 시스템이다.

머신러닝 시스템이 분류한 **데이터 세트**dataset(=훈련 데이터)을 통해 학습하는 것을 **지도 학습**supervised learning이라고 한다. 지도 학습 시스템에서의 머신러닝 알고리즘은 앞서 살펴본 K-최근접 이웃 알고리즘과 같이 주어진 입력이 어떤 종류인지 특정할 수 있다.

분류되지 않은 데이터 집단을 갖고 결과를 특정할 수 없는 분류를 수행하는 것을 **비지도 학습**unsupervised learning이라고 한다. 이를 시간 낭비처럼 생각할 수도 있겠지만 비지도 학습 시스템에서의 머신러닝 알고리즘은 이전에 고려하지 않았거나 눈치채지 못했던 데이터 패턴을 발견하는 데 유용하다.

또한 이전에 수행한 동작의 피드백을 통해 학습을 지속함으로써 시간이 지남에 따라 성능이 향상되는 **강화 학습**reinforcement learning도 있다.

신경망

머신러닝 분야에서 가장 주목하고 있는 강력한 도구는 신경망이다. **신경망**neural network은 생명체에 존재하는 신경 세포망을 뜻한다. 생명체의 신경 세포는 뇌를 구성하는 기본 단위며 서로 신호를 주고받으며 사람이 하는 생각이나 행동을 신체에 전달한다.

인공지능 시스템의 성능을 높이기 위해 생명체의 뇌를 모방한 **인공 신경망**artificial neural network, ANN이 고안되었다(머신러닝에서 신경망이라고 하면 이 인공 신경망을 뜻한다). 다양한 문제를 해결하기 위해 여러 개의 인공 신경망이 네트워크를 이루고 있으며, 신경망 내에 신경 세포가 층층이 배치된 생물학적인 뇌와 유사한 구조로 되어 있다.

신경망에서 각 신경 세포는 앞뒤 계층의 모든 신경 세포와 연결되어 있다. 인공 신경망에서는 이러한 신경 세포를 노드node 또는 유닛unit이라 부른다.

인공 신경망은 일반적으로 **입력층**input layer, **은닉층**hidden layer, **출력층**output layer으로 구성된다. 입력층은 정보를 받아 네트워크에 전달하며 연산은 수행하지 않는다. 입력층의 주요 기능은 데이터 전달이다.

은닉층은 연산이 이루어지는 곳이다. 인공 신경망의 은닉층에서는 연산을 수행하며, 은닉층의 노드들은 입력층과 출력층의 가교 역할을 한다.

출력층에서는 연산을 수행할 수 있고, 출력층의 노드들을 이용해 인공 신경망의 외부로 데이터를 전달할 수 있다. 이러한 구조는 그림 9-10에서 확인할 수 있다.

입력층   은닉층   출력층

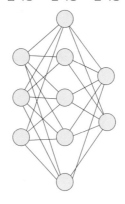

그림 9-10 인공 신경망의 예

그림 9-10은 네트워크 내의 데이터 흐름을 기반으로 하는 **피드포워드** feed-forward **신경망**이다. 피드포워드 신경망은 은닉층이 없는 **단층 퍼셉트론** single-layer perceptron 과 여러 개의 은닉층을 갖는 **다층 퍼셉트론** multilayer perception 으로 구분할 수 있다.

인공 신경망은 여러 군집화 및 분류 시스템의 기반을 이루며 인공지능 분야를 주도하고 있다.

> **NOTE**
> **퍼셉트론**
>
> 퍼셉트론은 그림 9-10처럼 입력층, 은닉층, 출력층으로 구성해 연산을 수행하는 초기 형태의 인공 신경망의 구조를 의미한다. 단층 퍼셉트론은 은닉층이 노드 하나로 구성되었으며 출력층과의 구분이 없는 단순한 신경망 구조다. 다층 퍼셉트론은 여러 개의 노드로 은닉층이 구성되었고, 은닉층 자체도 여러 개인 구조를 뜻한다.

딥러닝

머신러닝은 원래도 다양한 분석과 예측을 수행하는 데 강점이 있는데, 인공 신경망과 결합하면 더욱 분석과 예측 성능이 뛰어난 시스템을 구축할 수 있다.

딥러닝 시스템은 머신러닝 시스템의 하나로 인공 신경망을 활용하여 머신러닝을 수행한다. 인공 신경망이 계층형 구조이므로 딥러닝 시스템은 비선형 학습을 허용한다는 특징이 있다. 이러한 딥러닝 이론에는 기본적인 신경망에서 특정 데이터를 추출하는 합성곱을 추가한 **합성곱 신경망**convolutional neural network, CNN, 학습한 데이터를 바탕으로 새로운 데이터를 생성하는 생성기와 식별기를 포함한 **생성적 적대 신경망**generative adversarial networks, GAN, 여러 개의 단일 신경망을 순서를 부여하는 형태로 연결하여 구성하는 **순환 신경망**recurrent neural network, RNN 등이 있다. 앞으로도 새로운 이론이 계속해서 등장할 것이다.

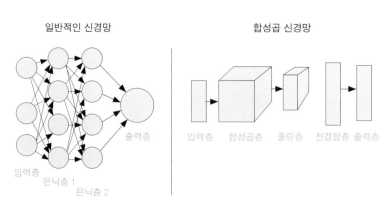

일반적인 신경망　　　　　합성곱 신경망

출력층

입력층
은닉층 1
은닉층 2

입력층　합성곱층　풀링층　전결합층 출력층

그림 9-11 일반 신경망과 합성곱 신경망의 비교

딥러닝 시스템이 도출하는 의사 결정이나 예측은 현재 사람의 효율을 능가할 정도로 발전 중이다. 이러한 발전의 기반에는 대량의 데이터(빅 데이터 등)와 강력한 컴퓨팅 플랫폼(클라우드 컴퓨팅 기반의 분산 컴퓨터, GPU, TPU 등)을 사용할 수 있게 되었다는 점이 있다. 기술이 발전하면서 목적을 달성하기가 쉬워진 것이다.

딥러닝은 일상생활에 다양하게 적용되고 있다. 많이 알려진 음성 인식 시스템, 자율 주행 자동차, 의료 연구는 그 일부에 불과하다.

마치며

9장에서는 두 가지 K-알고리즘으로 K-평균 알고리즘과 K-최근접 이웃 알고리즘을 설명했다. 또한 머신러닝과 인공 신경망에 대해서도 간단히 살펴보았다.

9장에서 다룬 K-알고리즘은 개발자 또는 학생으로서 마주치게 될 핵심 알고리즘이며, 이를 알아두면 컴퓨터 과학 분야에서 경력을 유지하는 동안 큰 도움이 될 것이다. 10장에서는 데이터 구조와 알고리즘에 포함되지는 않지만, 데이터 구조와 알고리즘의 여러 측면을 이해하는 데 도움이 되는 무작위성의 개념을 살펴본다.

Part 3

데이터 구조와
알고리즘을 이해하는 데
필요한 지식들

1장에서 이 책의 학습 과정을 여행에 비유했는데, 이제 그 여행의
끝이 다가오고 있다. 이 책의 모든 내용을 읽고 나면 개발자,
프로그래머 등 자신의 직군을 설명하는 용어가 무엇이든 향후
마주칠 다양한 데이터 구조와 알고리즘을 알게 될 것이다.
10장부터는 데이터 구조와 알고리즘을 이해하는 데 필요한 추가
내용을 다룬다. 여러 가지 개념이 등장하지만, 지금까지 쌓아온
지식으로 충분히 이해할 수 있는 수준이니 걱정하지 않아도 된다.

10 무작위성

10장에서 소개할 내용은 컴퓨터의 무작위성이다. 알고리즘을 설계할 때 의도적으로 임의의 숫자를 사용해야 할 경우 무작위성 개념이 유용하다. 어떤 알고리즘은 무작위성 개념을 적용한 연산을 포함하기도 한다. 10장에서 소개하는 내용은 컴퓨터 내부에서 무슨 일이 일어나는지 이해하는 데 도움이 될 것이다.

무작위

무작위random는 우리가 자주 사용하는 단어다. 무언가가 무작위라는 것은 식별할 수 있는 패턴 없이 예측 불가능하게 발생한다는 뜻이다. 사람은 선천적으로 **무작위성**randomness*의 개념을 지니고 있어 행동을 예측하기가 어렵다. 일부는 규범이나 절차에 따라 행동 습관을 유지하지만 대부분은 자연스럽게 충동적으로 행동하기 때문이다. 사람의 마음 역시 예측하기 어려우며 최고의 심리학자조차 사람의 모든 심리 상태를 설명하지 못한다.

---

* 옮긴이: 무작위성 이외에 임의성, 랜덤성이라 부르기도 한다.

한편 컴퓨터는 무작위성을 타고난 사람과 본질부터 다르다. 컴퓨터는 의도된 출력을 제공하도록 프로그래밍되어야 하며 설령 무작위적으로 보이더라도 실제로는 특정 알고리즘을 기반으로 동작한다. 컴퓨터의 동작은 주어진 명령을 정확하게 수행하도록 설계되었기 때문에 충분히 예측할 수 있다. 컴퓨팅 분야에서 널리 알려진 말 중 "쓰레기를 입력하면 쓰레기를 출력한다garbage in garbage out, GIGO"는 것이 있다. 이는 컴퓨터의 동작을 단적으로 설명한다.

무작위성의 범위는 여러 영역에 걸쳐 있다. 따라서 가장 쉽게 이해할 수 있고 프로그램 작성 시 가장 널리 사용되는 난수 위주로 무작위성을 살펴보자. 여기에서는 몇 가지 복잡한 수학 개념을 이해하기 쉬운 말과 문장으로 대체하여 설명하겠다.

수학에는 **확률**probability이라는 개념이 있다. 확률은 어떤 일이 일어날 가능성을 뜻한다. 동전을 던져 바닥에 떨어트렸을 때 하늘을 보는 것은 동전의 앞면일 가능성도 있고 뒷면일 가능성도 있다. 그럼 동전을 100번 이상던진 결과는 어떨까? 얼마나 많은 앞면과 뒷면이 나올까?

사람들에게 동전을 던진 결과가 어떻게 나뉠지 물어보면 대부분 예상할 수 없다고 답할 것이다. 굉장히 극단적인 상황이지만 동전을 던지는 모든 시도에서 앞면이나 뒷면만 나올 수도 있다. 이것이 무작위성 개념의 본질이다. 무작위로 일어나는 것은 결국 어떤 면에서는 예상할 수 없는 형태나 패턴을 지니는 것과 같다. 즉, 무언가가 무작위라면 그것이 동전이든 숫자이든 상관없이 어떠한 형태나 패턴으로도 나눌 수 있다는 뜻이기도 하다.

수학자들은 무작위성의 세계에 질서를 부여하기 위해 무작위성을 분석하는 확률의 개념을 생각해냈다. 하지만 확률조차도 무작위성을 정확히 예측할 수는 없었다.

하드웨어 이해하기

난수 생성에 관한 몇 가지 개념과 난수 생성기의 동작 방식을 완전히 이해하려면 컴퓨터 하드웨어 밑바닥에서 무슨 일이 일어나는지 파악하는 것이 중요하다.

컴퓨터 과학의 다양한 주제를 학습하는 과정에서는 하드웨어를 상당히 추상적(큰 문제가 없으면 조건에 맞춰 당연히 동작할 것으로 취급)으로 다루기 때문에 컴퓨터가 전자 장치라는 사실을 종종 잊어버리곤 한다. 모든 알고리즘, 데이터 구조, 소프트웨어 프레임워크의 배후에는 하드웨어가 있다. 이 책에서는 데이터 구조와 알고리즘의 효율성을 자주 언급하는데, 이러한 효율성을 제대로 파악하려면 하드웨어 계층의 관점에서 코드가 수행하는 동작을 이해할 수 있어야 한다.

이를 위해 컴퓨터 하드웨어의 개념 중 일부를 간략하게 살펴본다. 모든 내용을 이해하면 더 나은 알고리즘을 설계하는 데 도움이 될 것이다.

효율적인 알고리즘을 작성하는 것은 뛰어난 운전사가 되는 것과 유사하며, 컴퓨터 하드웨어를 이해하는 것은 단순히 운전만 하던 운전사가 차량의 일부 메커니즘을 알게 되는 것과 같다. 차량의 메커니즘을 알고 있다면 분명히 뛰어난 운전사라고 할 수 있다.

회로와 트랜지스터

전통적 컴퓨팅의 기술 혁명은 트랜지스터의 등장과 함께 시작되었으므로 트랜지스터부터 하드웨어를 살펴본다.

트랜지스터는 컴퓨터를 이루는 전자 부품의 기본 구성 요소다. 컴퓨터 메모리뿐만 아니라 내부적으로 모든 논리 연산을 수행하는 CPU는 다양한 형태의 트랜지스터로 구성되어 있다.

이산 트랜지스터는 3개의 전극을 가진 장치로, 전자 신호 및 전력을 전환하는 데 사용할 수 있다. 전자공학 분야에서는 전자 부품의 다양한 상호 연결을 나타내기 위해 **회로도**schematic diagram를 사용한다. 그림 10-1은 회로도의 예다.

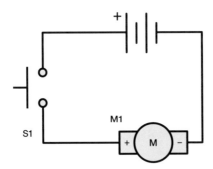

그림 10-1 회로도

이 회로도에서 + 기호와 함께 길고 짧은 선이 교대로 늘어선 것은 배터리를 나타낸다. 중앙에 M이 표기된 원은 모터를 나타내고, T라는 문자를 오른쪽으로 90° 회전시킨 기호는 스위치를 나타낸다. 자세히 보면 각 구성 요소에 레이블이 붙어 있는 것을 확인할 수 있다. 스위치의 레이블은 S1, 모터의 레이블은 M1이다.

회로를 구성하는 요소 사이의 연결은 선으로 이루어지며, 구성 요소 사이를 연결하는 전선을 나타낸다. 그림 10-2는 회로도에서 트랜지스터를 나타내는 기호다.

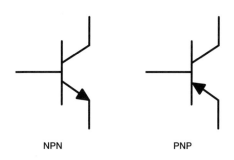

NPN   PNP

그림 10-2   회로도에서 트랜지스터를 나타내는 기호

이 그림에서 **NPN**은 반도체가 N형-P형-N형 순서로 접합된 트랜지스터를 나타내고, **PNP**는 반도체가 P형-N형-P형 순서로 접합된 트랜지스터를 나타낸다. 참고로 **P형**positive-type 또는 **N형**negative-type으로 나뉘는 반도체의 속성은 반도체의 전기적/물리적인 특성을 변화시키는 불순물인 **도펀트**dopant로 어떤 물질을 첨가하느냐에 따라 달라진다.

최신 전자 장치들은 기존의 트랜지스터보다 더 효율적인 **모스펫**metal-oxide semiconductor field effect transistor, MOSFET*으로 구성되어 있다. 메모리와 CPU를 모스펫으로 제작하면 소비 전력을 크게 줄일 수 있다.

★ 옮긴이: 금속 산화막 반도체 전계 효과 트랜지스터라고도 한다.

트랜지스터는 컴퓨터 연산에서 매우 중요하며, 칩에 집적할 수 있는 트랜지스터의 수와 컴퓨터 성능에는 직접적인 상관관계가 있다. 이를 무어의 법칙이라 한다. 무어의 법칙에 의하면 트랜지스터를 제작하고 집적하는 기술이 발전함에 따라 컴퓨터의 성능이 수년마다 더 강력해진다고 한다.

증폭기, 피드백, 클럭, 오실레이터

앞서 잠깐 언급한 것처럼 트랜지스터는 회로 내에서 전자 신호를 전환하는 데 사용된다. 상황에 따라서는 전자 신호를 증폭하는 데도 사용하므로 트랜지스터의 용도는 다양하다.

전자 신호 증폭은 회로의 구성 요소가 약한 신호를 받아 더 강력한 신호를 생성하는 것이며, 증폭을 수행하는 정도는 **이득**gain 관점에서 측정한다. 여기서 이득은 증폭을 수행하는 구성 요소의 입력에 대한 출력 전압, 전류, 전력의 비율을 뜻한다.

트랜지스터는 증폭 성능이 매우 뛰어나기 때문에 다른 전자 부품과 조합하면 **연산 증폭기**operational amplifier라는 장치를 만들 수 있다. 그림 10-3은 회로도에서 연산 증폭기를 나타내는 기호다.

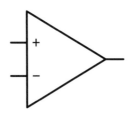

그림 10-3 회로도에서 연산 증폭기를 나타내는 기호

연산 증폭기는 **피드백**feedback(되먹임)을 사용하여 동작한다. 피드백은 장치의 출력 중 일부를 다시 입력으로 사용하는 과정에 붙여진 이름이다. 장치의 출력 중 일부를 반전 단자로 피드백하는 과정을 **네거티브 피드백**이라고 한다. **단자**terminal는 장치의 핀을 뜻한다. 그림 10-3에서 + 단자는 비반전 입력이고 – 단자는 반전 입력이다.

연산 증폭기를 사용하는 장치 중 하나가 **콤퍼레이터**comparator(비교기)다. 콤퍼레이터는 전기 신호 2개를 비교하여 결과에 따라 특정 신호를 출력하는 장치이다. 콤퍼레이터는 핀 중 하나에 기준 전압을 입력한 후 다른 핀에 입력된 전압과 기준 전압의 차이를 증폭하여 HIGH 또는 LOW를 출력한다.

클럭clock은 디지털 회로의 심장 박동과 같은 개념으로 주어진 간격에서 HIGH와 LOW 사이를 오가는 유형의 신호다. 이러한 HIGH와 LOW 사이의 변화를 **진동**oscillation이라고 한다.

CPU의 성능을 논할 때 클럭이 꽤 자주 언급된다. 무언가가 어느 정도의 클럭 사이클에서 동작할 수 있다거나 CPU가 특정 클럭 속도로 동작한다는 말을 들은 적이 있을 것이다. 알고리즘을 설계할 때 최대한 효율적인 동작을 지향한다는 것은 알고리즘 실행이 최소한의 클럭 사이클 시간을 소모하기 바란다는 뜻이다.

오실레이터oscillator(발진기)는 주기적으로 파형을 생성하는 특수한 장치며, CPU나 메모리 등의 디지털 구성 요소를 구동시키는 클럭을 생성하는 데 사용된다.

논리 게이트

트랜지스터를 조합하면 **논리 게이트**logic gate를 만들 수 있다. 논리 게이트는 입력 상태(HIGH 또는 LOW)에 따라 특정 출력(HIGH 또는 LOW)을 제공하는 장치다.

그림 10-4는 몇 가지 주요 논리 게이트를 나타낸 것이다.

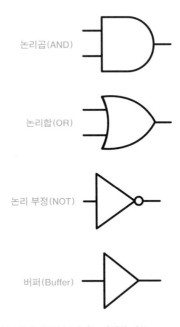

논리곱(AND)

논리합(OR)

논리 부정(NOT)

버퍼(Buffer)

그림 10-4 회로도에서 논리 게이트를 나타내는 다양한 기호

논리곱 게이트에는 2개의 입력 단자와 1개의 출력 단자가 있다. 두 입력이 모두 HIGH일 때 1 또는 HIGH를 출력하고, 두 입력이 각각 HIGH와 LOW이거나 두 입력이 모두 LOW일 때 0 또는 LOW를 출력한다.

논리합 게이트는 두 입력 중 하나만 HIGH이거나 두 입력이 모두 HIGH 일 때 1 또는 HIGH를 출력하고, 두 입력이 모두 LOW일 때 0 또는 LOW 를 출력한다. **논리 부정 게이트**는 입력의 반대를 출력한다. 즉 입력이 LOW일 때 HIGH를 출력하고 입력이 HIGH일 때 LOW를 출력한다.

버퍼 게이트는 입력을 단순히 출력으로 전달한다. 즉, 입력이 HIGH일 때 HIGH를 출력하고 입력이 LOW일 때 LOW를 출력한다. 버퍼 게이트는 논리 레벨(HIGH 또는 LOW)의 감쇄 현상을 방지하거나 전달 속도를 지연시키는 데 사용된다.

이 밖에도 배타적 논리합 게이트가 있다. **배타적 논리합 게이트**는 두 입력이 다를 때 HIGH를 출력한다. 즉, 두 입력이 모두 HIGH 또는 LOW일 때 LOW를 출력하고 두 입력이 각각 HIGH와 LOW일 때 HIGH를 출력한다.

그림 10-5는 회로도에서 배타적 논리합 게이트를 나타내는 기호다.

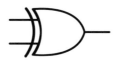

그림 10-5 회로도에서 배타적 논리합(XOR) 게이트를 나타내는 기호

배타적 논리합 게이트는 사이버 보안 분야에서 흔히 볼 수 있는 논리 게이트다. 정보의 전달 과정에 에러가 있는지를 확인하는 패리티 검사 회로에 사용되며 특히 암호화에 많이 사용된다. 또한 10장 뒷부분에서 설명하는 특정 유형의 회로나 난수 생성기 회로에도 사용할 수 있다.

지금까지 설명한 논리 게이트는 디지털 컴퓨터의 구성에 사용되는 수많은 논리 게이트 중 일부일 뿐이다. 컴퓨터가 하드웨어적으로 난수를 생성하는 방법을 설명할 때 다시 등장하는 개념이므로 잘 기억해두기 바란다.

조합 및 순차 논리

논리 게이트를 조합하면 조합 논리나 순차 논리를 구성할 수 있다. **조합 논리**combinational logic **회로**는 입력의 현재 상태가 바로 출력에 반영되는 회로다. 반면에 **순차 논리**sequential logic **회로**는 입력의 현재 상태뿐만 아니라 이전 상태까지 반영하여 출력을 생성하도록 메모리와 피드백이 구현된 회로다.

순차 논리 회로는 일반적으로 클럭이나 신호의 진폭이 잠깐 크게 변하는 펄스 등의 현상을 이용하여 동작한다. 순차 논리 회로에서 꼭 알아야 하는 것은 플립플롭이다. **플립플롭**flip-flop은 컴퓨터 메모리의 기존 구성 요소로, 상태 정보를 저장하는 데 사용할 수 있다.

그림 10-6은 가장 간단한 형태의 플립플롭 중 하나인 D 플립플롭이다.

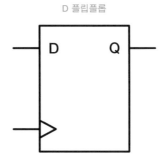

그림 10-6 **D 플립플롭**

D 플립플롭은 데이터 D와 클럭(삼각형과 이어진 단자로 표시)을 입력으로 갖는다. 출력 Q는 입력 데이터에 적용되는 클럭의 변화에 따라 달라진다. 이미 언급한 바와 같이 플립플롭은 메모리의 기본 단위 중 하나며, CPU의 기본 저장 단위는 레지스터다. 따라서 플립플롭은 단일 레지스터로 간주할 수 있다.

플립플롭에는 다양한 종류가 있으며 이러한 플립플롭을 조합하여 **시프트 레지스터**shift register를 구현할 수 있다. 시프트 레지스터는 다수의 플립플롭으로 구성된 회로이고 여러 비트의 데이터를 저장한다.

그림 10-7은 간단한 3비트 시프트 레지스터를 나타낸 것이다.

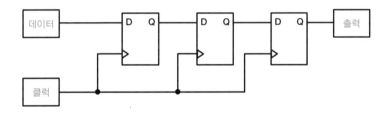

그림 10-7   3비트 시프트 레지스터

시프트 레지스터에서는 시스템에 비트를 직렬 또는 병렬 방식으로 입력할 수 있다. **직렬 입력 직렬 출력**serial in serial out, SISO **시프트 레지스터**는 데이터를 직렬로 입력받아 직렬로 출력한다. **직렬 입력 병렬 출력**serial in parallel out, SIPO **시프트 레지스터**는 데이터를 차례대로 입력받은 후 한 번에 모두 병렬로 출력한다. 이 밖에도 **병렬 입력 직렬 출력**parallel in serial out, PISO **시프트 레지스터와 병렬 입력 병렬 출력**parallel in parallel out, PIPO **시프트 레지스터**가 있다.

참고로 시프트 레지스터를 다른 회로와 결합하면 몇 가지 흥미로운 비트 조작을 수행할 수 있다.

혼성 신호 회로, 유도 저항, 노이즈

지금까지 살펴본 회로는 대부분 디지털 회로(논리 게이트, 플립플롭, 시프트 레지스터)이거나 아날로그 회로(연산 증폭기)였다. 그러나 디지털도 아날로그도 아닌 회로가 한 가지 있었는데 바로 콤퍼레이터였다. 앞서 설명했듯이 콤퍼레이터는 입력받은 두 신호를 비교한 후 결과에 따라 특정 신호를 출력하는 장치다.

콤퍼레이터는 연속적인 아날로그 신호를 받아 이산적인 디지털 신호로 변환한다. 아날로그 신호를 디지털 신호로 변환하는 과정을 **아날로그-디지털 변환**analog-to-digital conversion, ADC이라고 한다. 마찬가지로 디지털 신호를 아날로그 신호로 변환하는 과정을 **디지털-아날로그 변환**digital-to-analog conversion, DAC이라고 한다.

이러한 변환이 중요한 이유는 우리가 속한 세계의 본질이 아날로그이기 때문이다. 이를 설명하는 좋은 예는 디지털 소리의 녹음 및 재생이다.

마이크를 통해 음성을 녹음할 때는 음성에 의해 생성되는 연속적인 아날로그 신호를 입력받은 후 이산적인 디지털 신호로 변환하는 회로를 사용하여 CPU가 이를 처리하고 저장할 수 있게 한다. 소리를 재생할 때는 CPU가 생성한 이산적인 디지털 신호를 입력받아 연속적인 아날로그 신호로 변환하는 또 다른 회로를 사용하여 녹음된 소리를 들을 수 있게 한다.

이처럼 아날로그 구성 요소와 디지털 구성 요소를 모두 포함한 회로를 **혼성 신호 회로**^{mixed-signal circuit}라고 한다. 혼성 신호 회로는 나중에 살펴볼 참난수 생성기에서 중요한 역할을 한다.

한편 컴퓨터 하드웨어 영역에는 **커패시터**^{capacitor}(축전기)와 **인덕터**^{inductor}(유도기)라는 회로 구성 요소가 있다. 이러한 회로 구성 요소는 주기적으로 크기와 방향을 바꾸는 전류인 **교류**^{alternating current, AC}의 흐름에 저항하는 **유도 저항**^{reactance}을 갖는다.

회로에서는 이따금 **노이즈**^{noise}가 발생한다. 노이즈는 전기 신호에 불필요한 간섭이 생기는 현상이다. 대표적인 노이즈로는 교류 신호를 생성할 때 가끔 발생하는 **고조파**^{harmonics}가 있다.

여기까지 컴퓨터 하드웨어에 관한 기본적인 이해를 마쳤으므로 이제부터 본격적으로 무작위성의 개념에 대해 살펴보자.

유사 난수

유사 난수의 복잡한 특징을 파헤치기 전에 유사^{pseudo}*가 무엇을 뜻하는지부터 짚고 넘어가자.

유사라는 단어는 일찍이 컴퓨터 과학이 아닌 화학 분야에서 사용되었다. 러시아의 화학자 드미트리 멘델레예프^{Dmitri Mendeleev}는 실리콘은 아니지만 '실리콘과 유사한' 화학 원소의 존재를 예측하고 이를 에카-실리콘^{eka-silicon}이라 불렀다. 에카-실리콘의 존재는 이후에 사실로 밝혀졌으며 게르

---

* 옮긴이: 의사, 가짜, 사이비 등으로도 해석할 수 있다.

마늄이라 명명되었다. '에카' 원소의 개념을 탐구하다 보면 중세 시대에 유사 과학으로 존재했던 연금술이 등장한다.

흔히 알려진 것처럼 연금술사들은 다른 원소를 금으로 바꾸는 데 집착했으나 당시의 지식과 기술로는 원소의 성질을 바꾸는 것이 불가능했다. 연금술이 화학의 기틀을 마련한 것은 사실이지만 연금술 자체는 과학이라기보다는 원시적 기술에 가깝다. 그래서 '유사'라는 단어는 연금술과 화학의 상관관계처럼 '동일해 보이지만 그렇지 않은 것'을 뜻한다.

이제 컴퓨팅 분야로 돌아오자. 프로그래밍 언어 대부분은 무작위로 숫자를 생성하는 기능을 제공한다. 하지만 무작위 숫자 생성 알고리즘의 설계 방식에 한계가 있어 진짜 무작위 숫자가 생성된다고 할 수 없다. 이처럼 무작위인 것처럼 보이는 숫자를 **유사 난수** pseudorandom number 라고 한다.

유사 난수 알고리즘은 프로그래머가 제공하는 **시드값** seed number 을 사용하여 일련의 숫자를 생성한다. 프로그램 사용자 관점에서는 이 숫자들이 무작위로 보이지만 생성된 숫자를 분석해보면 일련의 숫자가 동일하게 반복되는 것을 확인할 수 있다.

유사 난수 생성 과정에서 똑같은 시드값을 사용하면 생성되는 일련의 숫자도 같다. 이 문제를 해결하기 위해 많은 프로그래머는 운영체제에서 제공하는 몇 가지 매개변수를 사용하여 안전하게 시드값을 생성한다. 이와 같은 과정을 거치면 완전한 난수에 가까운 결과를 얻을 수 있다. 즉, 유사 난수 생성기가 완전한 난수를 생성하는 것은 아니지만 효과가 있으므로, 실무에서 **난수 생성기** random number generator, RNG 가 필요할 때는 엔지니어들이 **유사 난수 생성기** pseudorandom number generator, PRNG 를 사용한다.

유사 난수는 게임 내 아이템 능력치 결정 등 보안이 중요하지 않은 영역에서 사용된다. 하지만 사이버 보안 영역의 암호화 응용 프로그램에서 유사 난수를 사용한다면 해커에게 좋은 먹잇감이 될 뿐이다.

그래서 암호화 응용 프로그램을 위해 특수하게 설계된 유사 난수 생성기가 있다. 이를 **암호화 보안 유사 난수 생성기**cryptographically secure pseudorandom number generator, CSPRNG 또는 **암호화 유사 난수 생성기**cryptographic pseudorandom number generator, CPRNG라고 한다.

사이버 보안을 위한 유사 난수 생성기는 구조가 복잡하며, 여러 종류의 보안 응용 프로그램에 적용하기 위해 다양한 변형이 존재한다. 그러나 암호화 보안 유사 난수 생성기가 아무리 특수하게 설계되었다고 해도 유사 난수 생성기로서의 한계*로 인해 사이버 보안 응용 프로그램에 사용하기에는 충분하지 않다. 따라서 유사 난수 생성기의 한계를 보완하는 참난수 생성기를 살펴볼 필요가 있다.

선형 피드백 시프트 레지스터

유사 난수를 생성하는 한 가지 방법은 선형 피드백 시프트 레지스터를 사용하는 것이다. **선형 피드백 시프트 레지스터**linear feedback shift register, LFSR는 플립플롭과 배타적 논리합 게이트의 조합을 사용하여 비트열로 유사 난수를 생성하는 장치다.

그림 10-8은 선형 피드백 시프트 레지스터의 간단한 예를 보여준다.

---

* 옮긴이: 아무리 정교한 유사 난수 생성기라도 이미 결정된 알고리즘을 따르므로 예측할 수 없는 완전한 난수를 생성하는 것은 불가능하다.

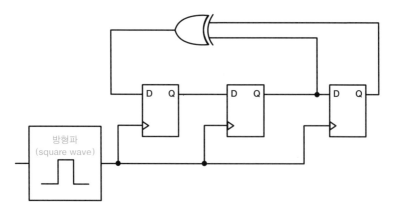

그림 10-8   기본적인 선형 피드백 시프트 레지스터

선형 피드백 시프트 레지스터에 초기 시드값을 입력하면 무작위로 보이는 비트열을 생성할 수 있다. 그리고 생성된 비트열은 다시 선형 함수의 입력으로 제공된다. 즉, 선형 피드백 시프트 레지스터가 생성하는 비트열은 항상 이전에 생성된 비트열에 의해 결정된다. 이러한 특징으로 인해 비트열의 패턴은 주기적으로 반복된다. 또한 유사 난수 생성기가 생성하는 비트열의 최대 길이가 충분히 길다는 특징도 기억하자.

결과적으로 선형 피드백 시프트 레지스터를 사용하면 비암호화용으로 훌륭한 유사 난수 생성기를 구현할 수 있다.

선형 피드백 시프트 레지스터 기반의 유사 난수 생성기는 단순하고 효율적이며, 하드웨어뿐만 아니라 소프트웨어로도 모두 구현할 수 있어 널리 사용된다. 특히 소프트웨어로 구현된 유사 난수 생성기는 8비트 마이크로컨트롤러처럼 자원이 제한된 시스템에서 실행할 수 있다.

참난수 생성기

유사 난수 생성기의 가장 결정적인 특징은 소프트웨어 알고리즘이나 다소 단순한 하드웨어로 난수를 생성한다는 것이다. 이에 반해 **참난수 생성기**는 더 복잡한 **하드웨어 난수 생성기**hardware random number generator, HRNG를 사용하여 노이즈 또는 **카오스 시스템***에서 발생하는 무작위 현상으로 난수를 생성한다.

오실레이터 기반의 하드웨어 난수 생성기를 예로 들어보자. 논리 시스템을 사용하여 프리 러닝 오실레이터를 생성하고 여기에 네거티브 피드백을 추가한 다음 리액티브 회로를 추가하면 스트레이 유도 저항(본질적으로 노이즈)을 생성할 수 있다. 그리고 이 노이즈를 감지하는 다른 논리 회로를 사용하여 난수를 생성할 수 있다.

또 다른 예로는 노이즈 기반 하드웨어 난수 생성기가 있으며 플립플롭이 있는 콤퍼레이터를 사용하여 클럭 펄스 요청으로 읽을 수 있는 무작위 비트를 생성한다. 그림 10-9는 이를 단순하게 나타낸 회로도다.

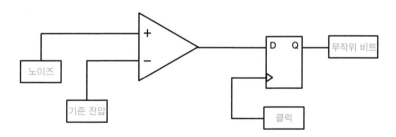

그림 10-9 기본적인 하드웨어 노이즈 기반의 참난수 생성기

---

* 옮긴이: 한동안 예측이 가능하며, 이후 무작위처럼 보이는 시스템이다.

이 회로에는 콤퍼레이터의 편향 bias 지점을 설정하는 기준 전압이 있다. 노이즈 레벨 전압이 기준 전압보다 낮으면 출력은 LOW 또는 0이 되고, 노이즈 레벨 전압이 기준 전압보다 높으면 출력은 HIGH 또는 1이 된다.

참난수를 생성하는 시스템으로는 노이즈 기반 시스템, 오실레이터 기반 시스템, 양자 기반 시스템 등이 있다.

사물 인터넷의 등장으로 임베디드 시스템을 인터넷에 연결하는 것이 대세가 되자 데이터 보안의 필요성이 드러났다. 이에 따라 마이크로컨트롤러 및 마이크로프로세서 제조업체 중 일부는 참난수 생성기를 마이크로컨트롤러에 통합하기 시작했다. 기술이 확장되고 자동차, 집, 공장, 도시뿐만 아니라 심지어 집에 있는 식물까지 인터넷에 연결되는 만물 인터넷 Internet of Everything, IoE 의 수요가 늘어나면서 앞으로 더욱 뛰어난 보안을 제공하는 장치가 필요해질 것이다. 여기에 난수 생성기, 특히 참난수 생성기가 중추적인 역할을 할 것으로 보인다.

마치며

10장에서는 무작위성의 개념을 간략하게 소개했고 몇 가지 컴퓨터 하드웨어의 개념에 대해 살펴보았다. 또한 유사 난수와 참난수 생성에 관해서도 알아보았다. 11장에서는 운영체제 스케줄링에 사용되는 알고리즘을 살펴본다.

11 스케줄링 알고리즘

오늘날 사용되는 일반적인 알고리즘 대부분을 앞에서 살펴보았다. 11장에서는 아직 언급하지 않은 일부 개념인 운영체제의 스케줄링 알고리즘을 소개한다. 먼저 운영체제의 개념을 살펴보고 운영체제가 동작하면서 생기는 다양한 개념을 살펴본다. 마지막으로는 운영체제의 일반적인 스케줄링 알고리즘을 설명한다.

여기에서 다루는 내용은 이 책의 전반부에서 살펴본 데이터 구조가 알고리즘 실행을 어떻게 보조하는지 더 깊게 이해하는 데 도움을 줄 것이다. 그리고 데이터 구조의 개념 대부분이 스케줄링 알고리즘의 구현 및 구성에 사용된다는 것을 알게 해줄 것이다.

운영체제

오늘날의 컴퓨팅 환경은 **운영체제**operating system, OS에 의존하고 있다. 슈퍼컴퓨터는 일부를 변형한 리눅스로 운용되고, 가정용 컴퓨터는 윈도우나 macOS로 실행되며, 모바일 컴퓨팅 플랫폼은 애플의 iOS나 리눅스 기반의 안드로이드가 지배하고 있다.

서로 연결될 수 있고 많은 정보를 접할 수 있는 현대 사회의 모습은 컴퓨터를 실행하는 운영체제를 만들고 관리하는 사람들 덕분에 이루어졌다. 그렇다면 운영체제가 왜 필요할까? 기본적으로 다양한 프로그램을 실행시키고 관리하기 위함이라고 생각한다.

다음과 같은 상황을 머릿속에 그려보자. 여러분은 음악을 듣는 동안 워드 프로세서로 문서를 작성하고 있다. 이와 동시에 페이스북 계정에서 알림을 받고 유튜브에 새로운 영상이 업로드되었다는 또 다른 알림을 받는다. 여러분은 웹 브라우저를 실행하여 페이스북을 확인한 후, 새 탭을 열어 유튜브의 새로운 영상을 감상한다. 그리고 나서 2개의 탭을 그대로 열어둔 채 다시 음악을 들으며 워드 프로세서로 돌아가 문서를 작성한다.

이러한 멀티태스킹은 오늘날의 컴퓨터에서 흔히 볼 수 있으며 대부분의 사람이 익숙하게 사용하는 기능이다.

일반적인 컴퓨터에서 CPU를 보조하는 자원은 유한하다. 따라서 시스템에서 실행 중인 여러 프로그램은 메모리와 데이터 처리 시간을 공유해야 한다. 운영체제는 여러 프로그램이 동시에 실행될 수 있도록 추상화 메커니즘을 제공한다. 하나의 CPU와 유한한 자원을 사용하여 미디어 재생기, 웹 브라우저, 워드 프로세서를 모두 동시에 실행할 수 있는 것은 운영체제 덕분이다.

운영체제는 서버, 랩톱, 휴대폰에서 실행될 뿐만 아니라 복사기, 자동차, 장난감, 주변 기기 속 임베디드 시스템의 마이크로 컨트롤러에서도 실행된다. 이처럼 운영체제는 사용 목적에 따라 범용 운영체제와 실시간 운영체제로 구분할 수 있다.

범용 운영체제

범용 운영체제general-purpose operating system, GPOS는 일반적인 컴퓨팅 작업과 응용 프로그램 실행을 위해 설계된 운영체제다. 범용 운영체제는 메모리가 충분히 많은 표준 컴퓨터 하드웨어에서 실행되며, 사용자는 언제든지 하나 이상의 응용 프로그램을 실행할 수 있다.

범용 운영체제 대부분은 데스크톱과 랩톱에서 실행하도록 설계되어 있다. 윈도우, macOS, 데스크톱이나 랩톱용 리눅스(우분투, 리눅스 민트 등)가 여기에 속한다. 또한 시스템 실행에 필요한 프로세스 처리 및 메모리 요구사항을 가진 워크스테이션, 메인프레임, 임베디드 장치도 속한다.

모바일 장치의 컴퓨팅 성능이 향상됨에 따라 안드로이드나 iOS와 같은 모바일 운영체제도 범용 운영체제로 분류할 수 있게 되었다.

실시간 운영체제

범용 운영체제를 사용한다면 컴퓨터나 휴대폰에서 가끔 발생하는 프로그램 충돌, 멈춤, 재시작, 실행 속도 저하에 익숙할지도 모른다. 예를 들면 웹 브라우저를 사용하면서 프로그램이 예기치 않게 충돌했다는 메시지를 경험한 적이 한 번쯤은 있을 것이다. 이것은 심각한 문제가 아니며 창을 닫고 웹 브라우저를 다시 열기만 하면 된다. 또 프로그램 사용 중 버튼을 클릭했는데 컴퓨터의 응답이 지연된다면 짜증 날 것이다. 그러나 기분이 조금 안 좋을 뿐 실제로 대단한 문제가 발생하는 것은 아니다.

하지만 이러한 상황이 비극을 초래할 수 있는 시스템도 있다. 심장 박동 조율기나 비행기의 자동 조종 시스템을 생각해보자. 이러한 시스템에서는 시간 경과, 응답 지연, 충돌을 고려할 여유가 없다. 직관적으로 결정을 내려야 하며 발생하는 현상에 즉각 응답해야 한다. 이러한 시스템을 **실시간 시스템**(real-time system)이라고 한다.

경성(hard) **실시간 시스템**은 융통성 없이 엄격하게 응답 시간을 충족해야 한다. 그렇지 못하면 심각한 재산 피해나 인명 손실로 이어질 수 있기 때문이다. 자동차의 ABS나 심폐 소생기 시스템을 예로 들 수 있다.

연성(soft) **실시간 시스템**은 엄격하게 응답 시간을 충족해야 하지만 어느 정도의 융통성은 있다. 전화기나 실시간 화상 회의 소프트웨어를 예로 들 수 있다. 특정 시간 내에 동작을 수행하지 못하면 시스템 사용자의 만족도가 떨어질 수 있지만, 재산 피해나 인명 손실까지 이어지지는 않는다.

실시간 운영체제(real-time operating system, RTOS)는 실시간 시스템을 관리하고 필요한 처리 시간 요구 사항을 충족하는지 확인한다.

범용 운영체제와 비교했을 때, 실시간 운영체제는 일반적으로 실시간성을 충족하기 위해 더 빠른 성능과 적은 메모리 요구 사항을 필요로 한다. 또한 실시간 운영체제는 외부 개입 없이 장기간 동작할 수 있을 만큼 안정적이어야 한다. 이에 대한 좋은 예로, 장애가 발생했을 때 사람이 수리하거나 재설정할 수 없는 행성 탐사선을 들 수 있다. 실시간 운영체제는 이러한 시스템에 필요한 안정성을 제공한다.

실시간 커널(마이크로프로세서가 실시간으로 이벤트를 처리하도록 관리하는 운영체제의 핵심 소프트웨어) 중에 운영체제의 모든 기능이 커널 자체에 적재된 것을 **모놀리식 커널**(monolithic kernel)(단일형 커널)이라고 한다.

인터럽트와 인터럽트 서비스 루틴

한 직원이 회사에서 바쁘게 일하는 와중에 상사가 서류를 들고 찾아온 장면을 상상해보자. 직원은 하던 일을 즉시 멈추고 상사로부터 서류를 받아 지시 사항을 들은 후 다시 자리로 돌아와서 하던 일을 계속할 것이다.

컴퓨팅 분야에서는 이러한 과정을 **인터럽트**interrupt라고 한다. 인터럽트는 CPU에 즉시 처리해야 하는 작업이 있음을 알린다. CPU는 기존 작업을 그대로 두고 인터럽트를 처리한 후 기존 작업을 재개한다. 이때 프로세서가 인터럽트에 들어갈 때 실행해야 하는 명령 블록을 **인터럽트 서비스 루틴**Interrupt service routine, ISR이라고 한다.

인터럽트는 하드웨어 기반 혹은 소프트웨어 기반 인터럽트로 구분한다. **하드웨어 기반 인터럽트**는 외부 하드웨어 장치(스위치, 마우스, 키보드 등)에 의해 발생하며, **소프트웨어 기반 인터럽트**는 프로세서를 인터럽트 서비스 루틴에 들어가게 하는 명령이나 프로그램 예외에 의해 발생한다.

인터럽트에는 **인터럽트 우선순위**interrupt priority라는 개념이 있다. 즉, 일부 인터럽트가 다른 인터럽트보다 더 중요하다는 뜻이다. CPU마다 인터럽트 메커니즘이 다르지만, 일반적으로 우선순위가 다른 두 인터럽트가 동시에 발생하면 우선순위가 높은 인터럽트가 먼저 처리된다.

유한 상태 기계

운영체제를 더 깊이 있게 다루기 위해 컴퓨터 과학의 중심축 가운데 하나인 **유한 상태 기계**finite-state machine, FSM를 살펴보자.

유한 상태 기계는 **유한 상태 오토마타**finite-state automata, FSA라고도 하며, 상태가 변하는 전산 시스템을 모델링하는 데 사용된다. 유한 상태 기계 시스템에는 유한한 개수의 상태가 있으며, 논리적 실행 흐름은 상태 사이의 흐름이나 전이에 따라 달라진다. 하나의 상태에서 다른 상태로의 전이는 시스템의 현재 상태와 상태에 대한 입력에 따라 달라진다.

일반적으로 유한 상태 기계에는 상태 진입의 원인이 되는 동작, 상태에 있는 동안 수행되는 동작, 상태에서 벗어날 때 수행되는 동작이 있다. 그런데 이 동작을 이론적으로 나타내려면 매우 수학적이고 복잡할 수 있다. 따라서 유한 상태 기계가 어떻게 동작하는지 이해하기 위해 쉽고 단순한 유한 상태 기계의 사례인 동전 인식 모듈을 살펴본다.

동전 인식 모듈은 자판기나 사탕 뽑기처럼 동전을 사용하는 장치에서 흔히 볼 수 있다. 그림 11-1은 동전 투입 모듈을 유한 상태 기계로 나타낸 것이다.

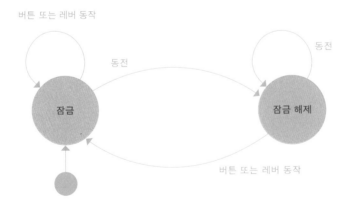

그림 11-1　동전 투입 모듈을 유한 상태 기계로 나타낸 상태 다이어그램

이 유한 상태 기계에는 '잠금'과 '잠금 해제'의 두 가지 상태가 있으며 다음과 같이 동작한다.

- 시스템에 동전을 넣으면 동전 투입 모듈이 잠금 해제 상태가 된다.
- 그러고 나서 버튼을 누르거나 레버를 돌리면 다시 잠금 상태가 된다.
- 동전 투입 모듈이 잠금 상태일 때는 동전을 넣어야 상태를 변경할 수 있으며, 단순히 버튼을 누르거나 레버를 돌리는 것으로는 상태를 변경할 수 없다.
- 마찬가지로 이미 동전을 넣어 동전 투입 모듈이 잠금 해제 상태일 때는 버튼을 누르거나 레버를 돌리지 않는 이상 잠금 해제 상태를 유지한다.

동전 투입 모듈을 유한 상태 기계로 나타낸 그림 11-1을 **상태 다이어그램** state diagram 이라고 한다. 상태 다이어그램에서는 노드를 원으로 표현한다. 또한 상태가 바뀔 때의 흐름을 나타내는 상태 전이선이 있으며, 특정 사건이 발생하면 논리적 흐름은 해당 상태 전이선의 경로를 따라간다. 상태 전이선은 상태들을 서로 연결하는 역할을 하며, 상태 전이선의 레이블은 상태 전이를 일으킨 사건의 이름으로 지정된다.

그림 11-1에 표시된 검은색 점은 **초기 유사 상태** initial pseudostate 다. 이외에도 원형 윤곽선으로 둘러싸인 검은색 점 형태의 **최종 상태** final state 도 있다. 그림 11-2는 최종 상태를 표시하는 기호다.

그림 11-2 최종 상태를 표시하는 기호

참고로 유한 상태 기계는 상태 다이어그램 외에 디지털 시스템 설계와 상태 전이표에서 일반적으로 사용하는 **알고리즘 상태 기계 도표**algorithmic state machine chart, ASM chart로도 나타낼 수 있다.

한편 유한 상태 기계는 결정적 또는 비결정적일 수 있다. **결정적 유한 오토마타**deterministic finite automata, DFA에서 임의의 상태는 주어진 유효 입력에 정확히 하나의 상태로 전이된다. **비결정적 유한 오토마타**nondeterministic finite automata, NFA에서 임의의 상태는 입력이 주어졌을 때 하나의 상태로 전이될 수도, 여러 상태로 전이될 수도, 상태 전이가 일어나지 않을 수도 있다.

지금까지 유한 상태 기계를 간략하게 살펴보았다. 잘 기억해두고 나머지 내용을 학습하기 바란다.

커널, 프로세스, 스레드, 작업

운영체제의 핵심은 커널이다. **커널**kernel은 메인 메모리에 상주하며 시스템 자원, 특히 CPU 점유 시간 및 메모리 자원에 대한 모든 접근을 중개한다. 커널 자체는 장치의 운영체제 역할도 할 수 있다. 임베디드 시스템에서 대부분의 운영체제가 실제로는 실시간 커널이다. 커널에 파일 관리, 사용자 인터페이스, 프로토콜 스택, 보안 메커니즘 등을 추가하면 운영체제가 된다.

프로그램이 메모리에 적재되어 실행될 때, 이를 **프로세스**process라고 한다. 프로세스가 실행될 때의 상태는 다양하며 그림 11-3에서 확인할 수 있다.

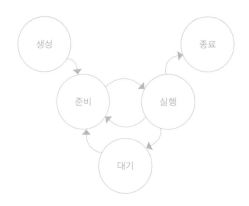

그림 11-3 프로세스의 여러 가지 상태

프로세스가 처음 만들어지면 '생성' 상태에 있게 된다. 그리고 '준비' 상태가 되면 프로세스는 CPU를 점유할 시간이 주어지기를 기다린다.

프로세스에 CPU가 할당되면 '실행' 상태가 되어 명령을 실행할 수 있다. 실행을 위해 일부 자원이 필요한 경우 프로세스는 '대기' 상태가 될 수도 있다. 프로세스의 실행이 끝나면 '종료' 상태가 되고 메인 메모리에서 제거된다.

참고로 프로세스는 입출력을 주로 사용하는 입출력 집중 프로세스와 CPU를 주로 사용하는 CPU 집중 프로세스로 분류할 수 있다.

스레드^{thread}는 프로세스의 실행 흐름을 나타내는 단위를 뜻한다. 병렬 처리를 지원하며 일부 프로세스는 효율적인 실행을 위해 여러 개의 스레드를 필요로 한다. 간단한 프로세스는 단일 스레드로도 충분하다. 때로는 스레드를 **경량**^{lightweight} **프로세스**라고 부르기도 한다.

작업[task](태스크)은 스레드의 일부 또는 프로세스의 일부를 지칭하며 운영 체제에 따라 의미가 다를 수 있다. 하지만 일반적으로는 스케줄러가 스케줄링할 수 있는 코드의 일부 또는 프로그램의 일부를 지칭한다.

메모리 관리 장치

커널과 프로세스에 이어 CPU의 일부인 **메모리 관리 장치**[memory management unit, MMU]를 살펴보자. 가장 기본적인 형태의 메모리 관리 장치는 가상 주소와 물리 주소 간의 매핑을 제공한다.

그림 11-4는 CPU가 메모리에 어떻게 접근하는지 가장 단순하게 표현한 것이다.

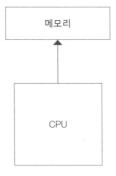

그림 11-4 CPU와 메모리의 상호 관계

실제로는 CPU와 메모리 사이에 중개 역할을 하는 메모리 관리 장치가 있다. 그림 11-5에서 확인해보자.

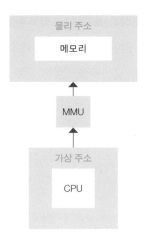

그림 11-5 메모리 관리 장치를 통한 CPU와 메모리의 상호 관계

덧붙여 메모리와 보조 저장 장치 사이에서 **페이징**이 발생한다는 점을 명심해야 한다. 메모리 관리 장치의 기능 중 하나는 페이지 테이블과 상호 작용하며 메모리의 비트를 사용해 무엇을 할 수 있는지(읽기, 쓰기, 실행 동작을 수행할 수 있는지)를 결정하는 것이다.

커널, 페이지 테이블, 메모리 관리 장치가 함께 동작했을 때 프로세스의 실행 모드에 따라 커널 모드와 사용자 모드로 나눌 수 있다. **커널 모드**는 시스템 하드웨어에 접근할 수 있고 커널의 주소 공간과 사용자의 주소 공간에도 모두 접근할 수 있다. **사용자 모드**는 시스템 하드웨어에 직접 접근할 수 없고 사용자 주소 공간 이외의 메모리에도 접근할 수 없다.

작업 제어 블록

커널은 프로세스 사이의 통신을 처리하고 프로세스를 동기화하는 등 프로세스를 여러 방면으로 관리한다. 그리고 CPU가 충돌 없이 하나의 프로세스에서 다른 프로세스로 전환할 수 있도록 **문맥 전환**context switching을 처리한다.

또한 커널은 작업에 대해 알아야 하는 정보가 담긴 **작업 제어 블록**task control block, TCB을 생성한다. 작업 제어 블록은 프로세스 ID나 프로세스 우선순위 정보 등을 포함할 수 있다.

스케줄러와 스케줄링

모든 운영체제의 내부에는 프로세스 스케줄러가 존재한다. **스케줄러**는 어떤 작업이 언제 실행될지 결정하는 역할을 한다. 스케줄러에 의해 하나의 작업에서 또 다른 작업으로 전환하는 것을 문맥 전환이라고 한다. 문맥 전환을 수행하고 프로그램의 실행 흐름을 바꾸는 프로세스 스케줄러의 일부를 **디스패처**dispatcher라고 한다.

스케줄링 큐는 프로세스가 나열된 큐다. 일반적으로 스케줄링 큐는 작업 큐, 준비 큐, 장치 큐로 나눌 수 있다. **작업 큐**에는 메인 메모리 할당을 기다리는 모든 프로세스가 나열된다. **준비 큐**에는 메인 메모리에 상주하면서 CPU를 점유할 시간이 주어지기를 기다리는 모든 프로세스가 나열된다. **장치 큐**에는 입출력 장치 할당을 기다리는 프로세스가 나열된다.

스케줄링은 선점preemptive 스케줄링과 비선점nonpreemptive 스케줄링으로 나눌 수 있다. **선점 스케줄링**에서 작업은 우선순위를 갖는다. 우선순위가 더 높은 작업이 현재 CPU를 점유한 우선순위가 더 낮은 작업을 중단할 수 있는 우선권을 갖는다. **비선점 스케줄링**에서는 종료되거나 입출력을 위해 자발적인 문맥 전환이 발생할 때까지 CPU를 점유한 작업이 계속 실행된다.

다수의 작업이 CPU 자원을 효율적으로 공유할 수 있도록 고안된 몇 가지 스케줄링 알고리즘이 있다. 예를 들어 CPU 스케줄링 알고리즘은 CPU를 오랫동안 점유하는 프로세스의 존재 때문에 중요하다. 그래서 스케줄링 알고리즘은 실행 시간이 긴 프로세스가 CPU를 독점하지 않도록 프로세스를 적절하게 관리할 수 있어야 한다.

다음에는 스케줄러가 다수의 작업에서 CPU 점유 시간을 균형 있게 공유하기 위해 사용하는 다양한 방법을 살펴보자.

선착순 스케줄링

가장 먼저 살펴볼 스케줄링 알고리즘은 선착순first come first serve, FCFS 스케줄링 알고리즘이다. 이 알고리즘은 다음 사례와 함께 설명한다.

여러분이 최근에 개업한 상점의 주인이라고 가정해보자. 상점에는 8명의 계산원이 있고, 모든 고객은 물건 1개를 사든 100개를 사든 반드시 줄을 서서 이용 가능한 계산대가 나오기를 기다려야 한다. 여러분이 방문한 상점은 도시에서 최저가를 자랑하므로 고객 유치에는 별다른 어려움이 없다. 개점 첫날부터 고객이 몰려와 장바구니에 물건을 담기 시작한다.

상점 주인은 현재의 시스템에서 아무런 문제를 느낄 수 없다. 방문 고객은 물건을 가지고 계산대로 이동한다. 그리고 계산을 마치면 물건을 받아 상점을 나가면 된다.

지금부터는 여러분이 막 10km 달리기를 끝낸 사람이라고 가정해보자. 그리고 다음과 같은 상황이 펼쳐졌다고 생각해보자.

- 매우 목이 마른 상태고 마침 물이 떨어졌기 때문에 가까운 상점으로 들어갔다.
- 물 한 병을 가지고 계산대로 이동했다.
- 상점에 있는 8개의 계산대 앞에는 적어도 4명의 고객이 많은 물건이 담긴 장바구니를 든 채 줄을 서 있다.

여러분이 물을 구매하고 싶어도 계산 순서를 기다릴 수 없을 정도로 굉장히 목이 마른 상태라면 어쩔 수 없이 물을 선반에 되돌려 놓고 다음 상점을 찾아 뛰기 시작할 것이다.

이 사례에서 8명의 계산원과 고객을 각각 CPU의 코어와 프로세스라고 생각하면 이 상황을 스케줄링 알고리즘과 관련지을 수 있다. 물건이 가득 담긴 장바구니를 든 고객과 한 병의 물을 사려는 고객은 각각 CPU 점유 시간이 긴 프로세스와 경량 프로세스에 해당하기 때문이다.

이제 선착순 스케줄링 알고리즘의 동작을 살펴보자. 이는 계산대 줄서기나 2장에서 살펴본 선입선출first in first out, FIFO 데이터 구조의 동작과 같다.

그림 11-6을 통해 선입선출 구조인 큐의 동작을 다시 한번 살펴보면서 선착순 스케줄링 알고리즘의 동작 방식을 머릿속에 그려보자.

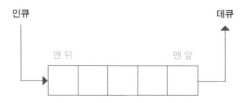

그림 11-6 큐의 구조

선착순 스케줄링 알고리즘은 먼저 도착하는 프로세스를 먼저 실행하며 프로세스를 스케줄링하기 위해 큐 데이터 구조를 사용한다. 새로운 프로세스는 큐 뒤쪽으로 들어가고 스케줄러는 큐 앞쪽에서부터 프로세스를 선택한다.

그런데 이러한 동작 원리라면 CPU 점유 시간이 긴 프로세스로 인해 다른 프로세스를 실행할 여지가 거의 없을 것이다. 따라서 선착순 스케줄링 알고리즘은 스케줄링을 구현하는 최적의 알고리즘이라고 할 수 없다.

선착순 스케줄링 알고리즘에서는 무거운 작업이나 프로세스가 백그라운드에서 실행 중일 때 사용자 입력을 처리하는 다른 프로그램의 작업이나 프로세스를 실행하지 못하므로 사용자 만족도가 떨어진다. 이런 상황에서는 프로그램이 사용자 입력에 아무런 반응을 보이지 않는 것처럼 보이며, 사용자는 시스템이 멈춰버렸다고 생각할 수 있다.

이러한 유형의 스케줄링 알고리즘은 전체 시스템의 충돌로까지 이어질 수 있다. 그 이유는 스케줄링 알고리즘이 작업이나 프로세스의 우선순위를 고려하지 않기 때문이다. 우선순위가 낮은 작업이 CPU를 오랜 시간 점유할 경우, 중요한 시스템 작업이 CPU에 접근하지 못해 전체 시스템 장애가 발생할 수 있다. 이처럼 모든 시스템 자원을 점유한 하나의 프로세스로 인해 전체 시스템이 느려지는 것을 **호위 상태**convoy effect라고 한다.

자원이 제한된 시스템에서 선착순 알고리즘을 사용하는 예도 있지만, 이어서 설명할 훨씬 더 나은 스케줄링 알고리즘으로 대체하는 것이 좋다.

최단 작업 우선 스케줄링

다시 상점 이야기를 계속해보자. 상점 주인은 도시에서 최저가로 물건을 판매하고 있음에도 고객 이탈이 많다는 것을 알게 될 것이다. 고객이 상점에 들어올 때는 기분이 좋아 보이지만 떠날 때는 불만을 품고 있는 것처럼 보인다. 일부 고객은 계산 순서를 기다리다 지쳐 물건을 선반에 되돌려 놓거나 장바구니를 그냥 내려놓은 채 상점을 떠나기도 한다.

상점 주인은 여러 고객과 상담을 진행했고, 소량의 물건을 구매하려는 많은 고객이 계산대 앞에 너무 오랫동안 줄을 서서 기다려야 한다는 것을 깨달았다. 상황에 따라 장바구니에 물건을 가득 담은 고객의 계산이 끝날 때까지 기다려야 하기 때문이다.

이를 해결하는 방법은 상점에서 10개 미만의 물건을 구매하는 고객이 계산대로 직행할 수 있도록 운영 정책을 바꾸는 것이다. 이 경우 10개 이상의 물건을 구매한 고객의 계산은 잠시 멈추게 된다.

이러한 상황을 전제로 하는 스케줄링 알고리즘을 **최단 작업 우선**^{shortest job first, SJF} **스케줄링 알고리즘**이라고 한다. 즉, 스케줄러가 CPU 점유 시간이 가장 짧은 프로세스부터 우선적으로 할당하는 것이다.

최단 작업 우선 스케줄링 알고리즘의 두 가지 유형으로는 선점 최단 작업 우선 스케줄링 알고리즘과 비선점 최단 작업 우선 스케줄링 알고리즘이 있다. **선점 최단 작업 우선 스케줄링 알고리즘**에서 스케줄러는 준비 상태 큐에 도착한 프로세스의 CPU 점유 시간이 실행 중인 프로세스의 CPU 점유 시간보다 더 짧다면 실행 중인 프로세스를 멈추고 CPU 점유 시간이 더 짧은 프로세스를 실행할 수 있게 한다.

비선점 최단 작업 우선 스케줄링 알고리즘에서 스케줄러는 준비 상태 큐에 프로세스가 도착했을 때 CPU 점유 시간이 가장 짧은 순서대로 프로세스를 실행할 수 있다. 그러나 모든 프로세스가 동시에 도착하는 것은 아니다. 나중에 도착한 CPU 점유 시간이 짧은 프로세스는 먼저 도착한 CPU 점유 시간이 긴 프로세스의 실행이 끝날 때까지 기다려야 하므로 실행되지 못할 수도 있다. 실행 중인 프로세스의 CPU 점유 시간이 지나치게 길면 나중에 도착한 프로세스는 기아 상태가 된다. **기아 상태**Starvation는 특정 프로세스의 우선순위가 낮아서 원하는 연산 자원을 계속 할당받지 못하는 것을 뜻한다.

최단 작업 우선 스케줄링 알고리즘은 선착순 스케줄링 알고리즘보다 평균 프로세스 대기 시간이 매우 적지만 동작 방식에 문제가 있다. 스케줄러는 CPU가 작업을 실행하는 데 걸리는 시간을 예상해야 한다. 그러나 작업을 완료하는 데 걸리는 시간을 예상하는 것은 어려운 일이며 항상 정확할 수도 없다. 이 문제는 CPU에 대한 향후 참조를 위해 프로세스를 실행하는 데 걸리는 시간을 기록하여 해결할 수도 있지만 이는 CPU의 부담을 증가시킨다. 따라서 최단 작업 우선 스케줄링이 선착순 스케줄링보다는 낫지만, 이 또한 최적의 알고리즘이라고 할 수 없다.

상점에서 물건을 가득 채운 장바구니를 든 채 계산을 기다리는 고객을 예로 들어보자. 이 고객 앞에는 단 하나의 물건을 계산하며 계산원과 긴 대화를 나누고 있는 또 다른 고객이 있다. 이처럼 계산할 물건이 하나뿐이기 때문에 짧은 대기 시간을 예상했지만 다른 사정으로 인해 실제로는 훨씬 더 많은 시간이 걸리는 경우도 있다.

우선순위 스케줄링

다시 상점 이야기를 계속해보자. 운영 정책을 개선한 이후로 고객 이탈은 줄어들었고 상점은 성황리에 영업 중이다. 상점 주인은 더 많은 수익을 올리고 항상 신속한 계산을 원하는 고객을 만족시키기 위해 새로운 운영 정책을 세우기로 마음먹었다.

운영 정책의 핵심은 앞선 고객의 계산을 잠시 멈추는 일 없이, 멤버십 카드를 구매한 고객이라면 계산 대기열의 맨 앞까지 이동할 수 있는 프리미엄 결제를 도입하는 것이다. 멤버십 카드의 등급은 실버, 골드, 플래티넘으로 나뉜다.

실버 등급 고객은 일반 고객을 건너뛰고 계산 대기열의 맨 앞으로 이동할 수 있다. 골드 등급 고객은 일반 고객과 실버 등급 고객을 건너뛰고 계산 대기열의 맨 앞으로 이동할 수 있다. 플래티넘 등급 고객은 일반 고객과 실버 및 골드 등급 고객을 건너뛰고 계산 대기열의 맨 앞으로 이동할 수 있다. 다른 플래티넘 등급 고객이 있는 경우에는 계산이 끝나기를 기다리거나 다른 계산대로 이동할 수 있다.

우선순위 스케줄러priority scheduler의 동작 방식도 이와 같다. **우선순위 스케줄링 알고리즘**에서 스케줄러는 작업의 우선순위를 가지며, 우선순위가 더 높은 프로세스를 먼저 처리한다. 2장에서 선형 데이터 구조를 설명할 때 살펴본 우선순위 큐를 떠올려보자.

그림 11-7은 우선순위 큐를 나타낸 것이다.

그림 11-7 우선순위 큐

우선순위 큐에서는 우선순위가 높은 요소가 우선순위가 낮은 요소보다 먼저 큐에서 삭제된다. 마찬가지로 우선순위 스케줄링 알고리즘에서는 프로세스를 실행하는 데 걸리는 시간과 관계없이 우선순위가 더 높은 프로세스가 먼저 실행된다.

우선순위 스케줄링 알고리즘의 두 가지 유형으로 선점 우선순위 스케줄링 알고리즘과 비선점 우선순위 스케줄링 알고리즘이 있다. **선점 우선순위 스케줄링 알고리즘**에서는 준비 상태 큐에 우선순위가 더 높은 프로세스가 도착하면 실행 중인 다른 프로세스를 잠시 멈추고 우선순위가 더 높은 프로세스를 실행할 수 있다. 이것은 상점의 운영 정책이 선점식일 때 실버 등급 고객이 계산 대기열의 맨 앞으로 이동하면 계산원은 현재 마주하고 있는 고객의 계산을 중단하고 실버 등급 고객의 계산을 시작하는 것과 같다.

비선점 우선순위 스케줄링 알고리즘에서는 준비 상태 큐에 우선순위가 더 높은 프로세스가 도착하더라도 현재 실행 중인 다른 프로세스가 끝난 다음 우선순위가 높은 프로세스를 실행한다. 이것은 상점의 운영 정책이 비선점식일 때 현재 계산 중인 고객이 실버 등급 고객이면 계산 대기열에 골드 등급 고객이 도착하더라도 실버 등급 고객의 계산이 끝난 후 골드 등급 고객의 계산을 시작하는 것과 같다.

한편 준비 상태 큐에 우선순위가 더 높은 프로세스가 계속 도착하면 우선순위가 낮은 프로세스는 실행될 기회가 주어지지 않으므로, 우선순위 큐 시스템에서도 기아 상태의 프로세스가 존재할 수 있다.

라운드 로빈 스케줄링

라운드 로빈round robin **스케줄링 알고리즘**에서는 각 프로세스가 CPU 점유 시간을 균등하게 공유한다. 각 프로세스는 CPU 자원을 사용할 수 있는 시간 조각을 할당받으며, 프로세스별로 실행하는 데 걸리는 시간을 추적하는 특별한 실행 시간 카운터가 존재한다. 프로세스에 할당된 시간 조각을 **양자**quantum라고 부르기도 한다.

그림 11-8은 라운드 로빈 스케줄링 알고리즘의 스케줄러가 프로세서에 시간 조각을 어떻게 할당하는지 보여준다.

0	2	4	6	8
P1	P2	P3	P4	P5

그림 11-8 라운드 로빈 스케줄링 알고리즘에서의 CPU 점유 시간 할당

P1, P2, P3, P4, P5로 이름 붙여진 각 프로세스는 균등하게 2단위 시간씩 CPU 점유 시간을 할당받는다.

라운드 로빈 스케줄링 알고리즘은 특성상 선점 스케줄링 알고리즘이다. 프로세스에 주어진 실행 시간이 만료되면 CPU 점유권을 넘겨주게 되고 다른 프로세스가 실행된다. 이때 프로세스의 전환은 앞서 언급한 문맥 전환을 사용하여 이루어진다.

물론 라운드 로빈 스케줄링 알고리즘도 모든 시스템에 최적인 것은 아니다. 왜냐하면 시스템에 따라 다른 프로세스에 비해 더 많은 처리 시간이 요구되는 프로세스가 있기 때문이다. 또한 균등하게 주어진 실행 시간이 풍족할 정도로 단순한 프로세스도 있을 수 있다. 예를 들어 5개의 프로세스 중 3개의 프로세스에서 2단위의 CPU 점유 시간이 지나치게 부족하다면 필요 이상으로 많은 문맥 전환이 발생할 것이다. 반대로 2단위의 CPU 점유 시간이 지나치게 풍족하다면 다른 프로세스의 대기 시간이 더 늘어나므로 시스템 자원이 낭비될 것이다.

이처럼 라운드 로빈 스케줄링은 한계가 있는 알고리즘이지만, 시스템 설계자는 라운드 로빈 스케줄링 알고리즘의 이점을 살릴 수 있는 응용 프로그램도 있다는 것을 알아야 한다.

다단계 큐 스케줄링과 다단계 피드백 큐 스케줄링

또 다른 스케줄링 알고리즘으로 **다단계 큐 스케줄링 알고리즘**multilevel queue scheduling algorithm이 있다. 다단계 큐 스케줄링 알고리즘에는 각 프로세서의 스케줄링 요구 사항을 만족시키는 여러 종류의 준비 상태 큐가 존재한다. 프로세스 중에는 선착순 스케줄링 알고리즘에 적합한 프로세스가 있고 우선순위 스케줄링 알고리즘이나 라운드 로빈 스케줄링 알고리즘에 적합한 프로세스가 있다. 각 프로세스는 요구 사항에 따라 알맞은 준비 상태 큐에 할당되며, 각 큐에는 우선순위가 주어진다.

다단계 피드백 큐 스케줄링 알고리즘은 다단계 큐 스케줄링 알고리즘을 한 층 더 발전시킨 것이다. 다단계 큐 스케줄링 알고리즘에서는 프로세스가 하나의 준비 상태 큐에 영구적으로 할당되지만, 다단계 피드백 큐 스케줄링 알고리즘에서는 피드백을 사용하여 프로세스가 실행 요구 사항에 따라 다른 준비 상태 큐로 이동할 수 있다.

마치며

11장에서는 운영체제를 소개하며 범용 운영체제와 실시간 운영체제에 대해 알아보았다. 또 인터럽트와 유한 상태 기계를 설명한 후 몇 가지 일반적인 스케줄링 알고리즘을 살펴보았다. 12장에서는 독자적인 알고리즘을 기술, 설계, 구현하는 방법을 간략하게 살펴본다.

12 알고리즘 기획과 설계

마침내 여행의 끝에 이르렀다. 12장에서는 독자적인 알고리즘을 기획하고 설계하는 방법에 대해 살펴볼 것이다. 업무 관리자, 학생, 프로그래머와 함께 일하는 사람, 코드를 다루는 사람 등은 설계를 구현하려는 사람에게 자기 생각과 아이디어를 전달할 방법이 필요하다. 12장에서는 독자적인 알고리즘의 기획, 설계에 필요한 절차와 도구를 알아본다.

타당한 기획과 설계의 필요성

무언가를 시작하기 전에는 실행할 수 있는 타당한 계획을 세워야 한다. 건물, 자동차, 교량, 비행기 등의 제작 과정에는 처음으로 시멘트를 붓거나 접합부를 용접하기에 앞서 이미 최종 결과를 머릿속에 그리고 있는 시스템 설계자가 있다.

한편 컴퓨터 과학 분야에서는 일단 터미널이나 텍스트 에디터를 열어 코드부터 작성하기 시작하는 사람을 일컫는 "코더coder*"를 흔히 볼 수 있다.

---

* 옮긴이: 때에 따라 무능한 프로그래머를 일컫는 말이기도 하다.

그 결과 논리 구조가 빈약하고 다른 사람이 이해하기 어려운 프로그램이 만들어진다. 우리 주변에는 단순히 코드를 작성하는 **코딩**coding과 완전한 프로그램을 작성하는 **프로그래밍**의 차이를 깨닫지 못하는 사람이 많다.

이러한 상황을 해결하려면 알고리즘을 설계할 때 코더가 아닌 컴퓨터 과학자의 자세를 가져야 한다. 알고리즘을 어떻게 구현할지 자세히 설명하는 데 익숙해지면 알고리즘을 모듈식으로 설계할 수 있게 된다. 그리고 그 결과 거의 모든 프로그래밍 언어로 구현할 수 있고 다양한 프로그램에서 사용할 수 있는 알고리즘이 탄생하게 된다. 이 책에서 다룬 데이터 구조와 알고리즘이 좋은 예이며, 이들은 거의 모든 프로그래밍 언어로 구현할 수 있고 다양한 패러다임과 응용 프로그램에 적용할 수 있다.

알고리즘을 구현하기 전에 기획하고 설계하는 또 하나의 이유는 **추상화**와 관련이 있다. 추상화는 복잡한 문제를 해결하는 데 핵심적인 개념이다. 프로그래밍을 통한 구현은 패러다임의 변화나 새로운 기술의 등장에 따라 그 형태가 변화한다. 반면에 대부분의 컴퓨팅 이론(튜링 기계, 유한 상태 기계, 시간 복잡도 등)은 최신 기술 시대에도 굳건히 자리를 지키고 있으며 가까운 미래에도 마찬가지일 것이다. 이러한 개념은 매우 강력하고 추상적이어서 다양한 형태의 구현이 생겨나거나 사라지는 동안에도 그대로 유지됐다.

알고리즘의 3단계

지금부터는 알고리즘이 실제로 무엇을 수행하는지 알아보자. 알고리즘과 모든 컴퓨터 프로그램은 기본적으로 입력, 처리, 출력의 3단계로 구성된다.

입력 단계에서는 처리해야 할 데이터가 컴퓨터 메모리에 적재된다. 이러한 데이터는 하드웨어 메커니즘(입력 장치, 센서)에 의해 수집되거나 소프트웨어를 통해 전달될 수 있다. 데이터는 출처에 상관없이 알고리즘에 입력되기 전에 알고리즘이 처리할 수 있는 형식으로 존재해야 한다.

이어서 **처리** 단계에서는 입력된 데이터를 사용하여 연산을 수행하거나 데이터 자체를 변경 및 조작한다. 모든 처리의 핵심은 CPU다. 컴퓨터와 이를 보조하는 모든 하드웨어 및 소프트웨어 구성 요소를 완벽하게 설계하면 데이터 처리를 수행하는 CPU를 효율적으로 운영할 수 있다.

마지막으로 **출력** 단계에서는 알고리즘이 처리한 데이터를 가지고 이를 사용하는 구성 요소에 전달한다. 이러한 구성 요소는 화면, 변환 장치, 구동 장치 등과 같은 하드웨어이거나 소프트웨어일 수도 있다. 출력된 데이터는 자체적인 알고리즘을 실행하는 다른 메소드나 함수에서 사용될 수 있다. 즉, 알고리즘은 크고 복잡한 프로그램의 작은 부분에 불과할 수 있다.

이 3단계를 기억하며 독자적인 알고리즘을 기획하고 설계하는 방법을 계속해서 살펴보자.

순서도

독자적인 알고리즘을 설계하기 위해 먼저 살펴볼 방법은 순서도를 사용하는 것이다. **순서도**는 프로세스를 표현하는 다이어그램으로 프로그래밍 언어를 배우지 않고도 알고리즘을 설계할 수 있는 도구다. 설계하려는 알고리즘을 단순한 그림으로 표현할 수 있어 알고리즘 설계를 배우는 단계의 사람에게 좋은 방법이기도 하다.

순서도를 활용하면 알고리즘 설계를 매우 빠르게 반복할 수 있고 논리적 결함을 쉽게 찾아낼 수 있다. 또한 순서도를 통해 프로그램의 논리적인 흐름을 파악할 수 있어 프로그래밍 언어를 사용하여 구현하기가 수월하다.

지금부터는 알고리즘을 설계하기 위해 순서도에서 사용하는 여러 가지 기호를 살펴본다.

순서도 기호

순서도를 사용하기 전에 순서도 기호를 이해할 필요가 있다. **순서도 기호**는 각기 다른 의미를 지닌 간단한 기하학적 기호다. 그림 12-1은 알고리즘을 설계하는 데 사용하는 여러 가지 순서도 기호를 나타낸 것이다.

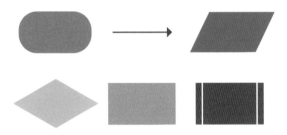

그림 12-1   순서도 기호

이외에도 많은 순서도 기호가 있지만 그림 12-1의 순서도 기호만으로도 거의 모든 알고리즘을 표현할 수 있다.

흐름선

순서도를 보면 모든 기호를 연결하는 화살표가 있으며 이를 흐름선이라고 한다. 그림 12-2는 흐름선을 보여준다.

그림 12-2 흐름선

순서도의 **흐름선**은 프로그램의 논리적인 흐름을 파악할 수 있도록 안내하는 역할을 하기 때문에 순서도 설계에 필수적인 기호다.

단말 기호

이어서 살펴볼 순서도 기호는 단말 기호다. 그림 12-3은 단말 기호를 보여준다.

그림 12-3 단말 기호

단말 기호는 알고리즘의 시작 및 종료 지점을 나타내기 위해 사용한다. 알고리즘의 시작 지점은 하나지만, 종료 지점은 논리적인 흐름에 따라 여러 개일 수 있다.

단말 기호가 알고리즘의 시작 지점인지 종료 지점인지는 쉽게 알 수 있다. 알고리즘을 제대로 설계하기 위해서는 단말 기호 안에 '시작' 또는 '종료'라는 단어를 적어야 한다. 그림 12-4는 시작 기호, 그림 12-5는 종료 기호를 나타낸 것이다.

그림 12-4　시작 기호

그림 12-5　종료 기호

흐름선뿐만 아니라 시작 및 종료 기호도 모든 순서도에서 반드시 존재한다.

입출력 기호

앞에서 언급했듯이 알고리즘은 입력, 처리, 출력이라는 3단계를 거친다. 순서도에서 입력과 출력을 나타내려면 그림 12-6과 같은 평행사변형 기호를 사용한다.

그림 12-6 입출력 기호

일반적으로 **입출력 기호** 안에는 **입력문**이나 **출력문**을 적는다. 그림 12-7은 일반적인 입력문을, 그림 12-8은 일반적인 출력문을 나타낸 것이다.

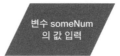

그림 12-7 입력문

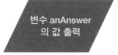

그림 12-8 출력문

처리 기호

처리 기호는 순서도에서 프로세스의 기본 작업이나 동작을 나타낼 때 사용한다. 그림 12-9는 처리 기호를 보여준다.

그림 12-9   처리 기호

알고리즘은 처음부터 끝까지 여러 단계의 동작을 거치므로 순서도에서 가장 많이 사용하는 것이 처리 기호이기도 하다.

판단 기호

알고리즘에서는 여러 번에 걸쳐 예/아니오 또는 참/거짓을 판단하고 그 결과에 따라 다른 동작을 수행해야 한다. 이러한 판단을 나타내기 위해 사용하는 **판단 기호**는 그림 12-10과 같다.

그림 12-10   판단 기호

순서도에서는 판단 결과에 따라 실행 흐름이 둘로 갈라진다.

종속 처리 기호

규모가 큰 알고리즘을 순서도로 표현할 때 모든 과정을 일일이 나열하면 실행 흐름을 직관적으로 파악하기 힘들 것이다. 즉, 상황에 따라 알고리즘을 서로 중복되지 않는 여러 개의 모듈로 분리할 필요가 있다.

이를 표현할 때는 그림 12-11과 같은 **종속 처리 기호**를 사용한다.

그림 12-11   종속 처리 기호

프로그램 구조

알고리즘을 설계할 때는 몇 가지 구조가 상당히 자주 반복된다는 것을 알 수 있다. 이러한 구조 중 매우 일반적이고 유용한 것은 별도로 이름이 붙어 있다. 앞으로 살펴볼 구조는 순차, if-then, if-then-else, while, do-while, switch-case다.

순차 구조는 그 자체가 클래스로 분류되며 **순차**^{sequence} **구조**라고 부르기도 한다. if-then 구조, if-then-else 구조, switch-case 구조는 **선택**^{selection} **또는 판단**^{decision} **구조**라고 한다. while 구조와 do-while 구조는 **반복**^{loop} **구조**라고 한다.

순차 구조

먼저 살펴볼 일반적인 프로그램 구조는 순차 구조다. **순차 구조**에서는 그림 12-12와 같이 시작 기호부터 종료 기호까지 프로세스가 연속적으로 이어진다.

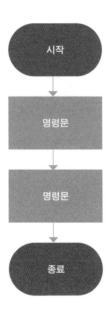

그림 12-12 순차 구조

if-then 구조

프로그램을 설계할 때 사용할 수 있는 또 다른 일반적인 구조로 if-then 구조가 있다. **if-then 구조**는 예/아니오와 같이 단일 판단을 내릴 때 사용된다. 그림 12-13은 if-then 구조를 보여준다.

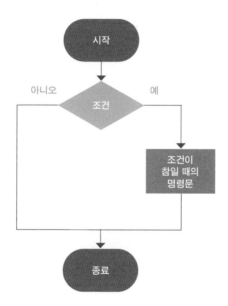

그림 12-13 if-then 구조

if-then 구조에서는 질문을 기반으로 판단을 내린다. 판단 결과가 '예'면 프로세스 내의 명령문을 실행하고, 판단 결과가 '아니오'면 알고리즘을 종료한다.

if-then-else 구조

if-then-else 구조는 if-then 구조를 기반으로 한다. if-then 구조와 마찬가지로 조건을 판단하여 결과가 참이면 '예'를 따라가서 조건이 참일 때의 명령문을 실행한 후 알고리즘을 종료한다. 그림 12-14를 살펴보자.

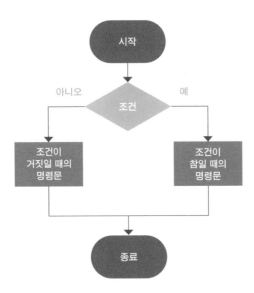

그림 12-14　if-then-else 구조

if-then-else 구조는 if-then 구조와 다른 점이 있는데, 조건을 판단한 결과가 거짓이면 알고리즘을 종료하는 대신 '아니오'를 따라가서 조건이 거짓일 때의 명령문을 실행한다는 점이다. 즉, 조건이 참일 때와 거짓일 때 실행하는 명령문이 따로 존재한다.

while 반복 구조

그림 12-15는 while 반복 구조를 보여준다.

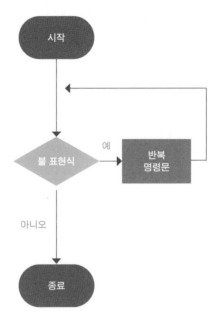

그림 12-15 while 반복 구조

while 반복 구조에서는 불 표현식이 계속해서 참일 경우 반복 명령문이 무한정 실행된다. 따라서 무한 반복을 방지하기 위한 종료 조건이 필요하다.

do-while 반복 구조

do-while 반복 구조는 while 반복 구조와 비슷하다. 그림 12-16을 살펴보자.

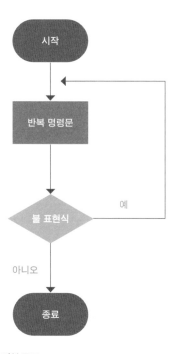

그림 12-16   do-while 반복 구조

while 반복 구조에서는 불 표현식이 참일 때만 프로세스 내의 명령문을 실행하지만, **do-while 반복 구조**에서는 불 표현식의 진릿값에 상관없이 반복 명령문을 적어도 한 번은 실행한다.

switch-case 구조

그림 12-17은 switch-case 구조를 보여준다.

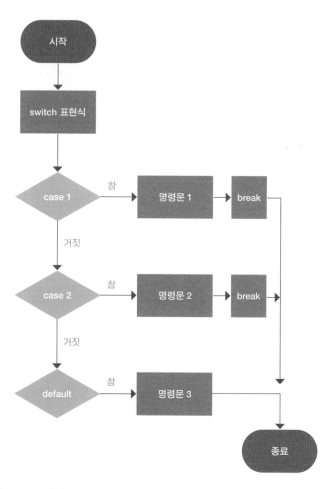

그림 12-17   switch-case 구조

switch-case 구조에서는 switch 표현식의 값에 따라 프로세스의 실행 흐름이 바뀔 수 있다. switch 표현식의 값과 일치하는 case가 없는 경우 **default case**의 명령문을 실행한다.

선형 탐색 알고리즘의 순서도

지금까지 살펴본 모든 내용을 선형 탐색 알고리즘에 적용해보면 그림 12-18과 같다.

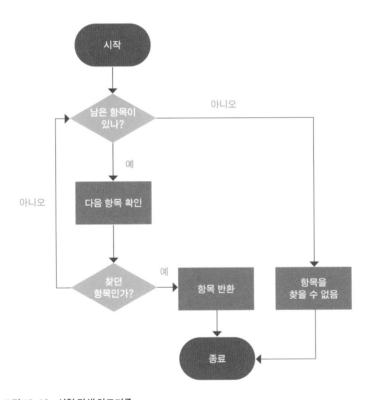

그림 12-18 선형 탐색 알고리즘

순서도를 따라가면서 선형 탐색 알고리즘의 동작을 확인해보자. 선형 탐색 알고리즘은 여러 개의 항목을 포함한 목록을 탐색하며 처리할 수 있는 항목이 있는지 묻는다. 처리할 항목이 있으면 해당 항목을 확인한다. 찾던 항목이라면 해당 항목을 반환하고 알고리즘은 종료된다.

찾던 항목이 아니라면 처리할 수 있는 항목이 있는지 묻는 판단으로 돌아간다. 이러한 동작은 처리할 수 있는 항목이 없을 때까지 반복된다. 처리할 수 있는 항목이 있는지에 대한 판단 결과가 '아니오'면 찾고자 하는 항목이 목록에 없다는 것을 뜻한다.

유사 코드

순서도는 알고리즘의 논리적 흐름을 시각적으로 나타내는 방법이다. 이 외에도 유사 코드를 사용하여 알고리즘의 논리적 흐름을 설명할 수 있다 (10장에서 짧게 설명한 **유사**pseudo 의 개념을 떠올려보자). 알고리즘의 논리적 흐름을 사람의 언어로 설명하고 모델링할 수 있다는 점 때문에 많은 프로그래머가 유사 코드 사용을 선호한다.

유사 코드는 말 그대로 실제 코드와 유사하다. 다만 특정 언어의 문법을 따르는 것이 아니라서 영어뿐만 아니라 모든 언어로 모델링할 수 있다. 파이썬과 같은 프로그래밍 언어는 유사 코드를 손쉽게 실제 코드로 변환할 수 있다.

그림 12-19는 유사 코드의 예를 보여준다.

```
시작

    '첫 번째 숫자' 입력

    '두 번째 숫자' 입력

    '결과' = '첫 번째 숫자' + '두 번째 숫자'

    '결과' 출력

종료
```

그림 12-19 유사 코드

그림 12-19의 유사 코드는 사용자로부터 숫자 2개를 입력받은 후 더해서 '결과'에 저장한 후 출력한다.

마치며

12장에서는 순서도를 사용하여 알고리즘을 설계하는 방법에 대해 살펴보았다. 그리고 유사 코드에 관해서도 간략하게 설명했다. 이제 이 책의 끝에 도달했다. 여행을 마친 여러분에게 축하 인사를 건네며, 이 여행이 여기서 멈출 필요는 없다는 것을 기억하기 바란다. 더 많은 지식을 원한다면 부록 내용을 참고하자.

부록 더 나아가기

이 책을 끝까지 읽었다는 사실에 다시 한번 축하 인사를 보낸다. 부록에서는 학습을 더 이어가는 데 필요한 자료를 소개한다.

첫 번째는 **프로젝트 오일러**(https://projecteuler.net)다. 데이터 구조와 알고리즘에 대한 이해를 높이는 데 가장 좋은 자료다. 특히 수학 개념을 동반한 여러 가지 알고리즘 문제를 해결하는 훈련에 도움이 된다. 한국어로 번역된 프로젝트 오일러(https://euler.synap.co.kr)도 있으니 참고하기 바란다. 두 번째는 Code Wars(https://www.codewars.com)다. 여러 가지 프로그래밍 언어로 제시된 다양한 문제를 해결해볼 수 있다.

세 번째는 Free Code Camp(https://www.freecodecamp.org)다. 데이터 구조와 알고리즘에 특화된 서비스는 아니지만, 데이터 구조와 알고리즘에 대한 이해를 높일 수 있는 여러 가지 문제가 있다. 추가로 일부 최신 웹 개발 동향을 무료로 학습할 수 있다.

이 자료가 데이터 구조와 알고리즘에 대한 이해를 높이고 컴퓨터 과학을 여행하는 데 도움이 되길 바란다.

앞으로도 행운이 함께하길!

찾아보기